LA VITA CHE DANZA

Gisella Zilembo
Silvia Cadrega

LA VITA CHE DANZA

STORIE DAL PREMIO INTERNAZIONALE
DI DANZA CLASSICA MARIA ANTONIETTA BERLUSCONI
PER I GIOVANI

Rizzoli

Alla gioiosa poesia dei giovani. A chi ha scelto di vivere,
riconoscendo la bellezza nel sacrificio, la gioia nell'impegno,
l'occasione nella difficoltà, la speranza nella dedizione,
la soddisfazione nel coraggio, il sogno nell'obiettivo,
la danza in quei percorsi imponderabili
che colorano l'esistenza stessa degli esseri umani.

Associazione MAB,
Maria Antonietta Berlusconi

SOMMARIO

La Scuola di Danza Principessa non ha soltanto rappresentato la più grande passione di mia sorella Maria Antonietta, ma è stata addirittura la sua stessa ragione di vita.
Senza mai rinunciare al suo ruolo di figlia, sorella, madre e moglie, è riuscita a conciliare con instancabile costanza il grande amore per la famiglia con l'impegno appassionato, giorno dopo giorno, per quella disciplina artistica che è stata da sempre il suo bellissimo sogno, la danza.

Silvio Berlusconi

Nella pagina a fianco, la lettera che Silvio Berlusconi, impossibilitato a parteciparvi, inviò in occasione del gala del Premio MAB del 27 maggio 2016.

Cari amici,

desidero rivolgere un pensiero e un saluto affettuoso ai promotori e ai partecipanti al Premio dedicato alla memoria della mia sorellina Etta, che ci ha lasciato troppo presto, al termine di una vita intensa e discreta, tutta dedicata alla sua grande passione, la danza.

Il premio continua in qualche modo la sua opera: è un'occasione per valorizzare i giovani artisti, coloro che si avvicinano a una disciplina così difficile e rigorosa come la danza classica. Un percorso che richiede impegno, sacrificio, senso del dovere oltre che sensibilità artistica, amore per la bellezza, capacità di espressione.

Milano ha una straordinaria tradizione nel campo della danza classica: basti ricordare il nome di Carla Fracci, simbolo senza eguali della tradizione del balletto alla Scala, che non per caso siede fra i giurati del premio.

Il MAB vuole rafforzare questa grande tradizione e fare di Milano il punto di riferimento italiano e internazionale per i giovani talenti. Sono quindi particolarmente grato alla famiglia Beretta che si è fatta promotrice di questa iniziativa, al maestro Roberto Fascilla che ne è l'anima artistica e a Gisella Zilembo che ne è l'organizzatrice.

Grazie a loro, da sei anni Milano consente a giovani artisti di perfezionarsi: alcuni di loro hanno già raggiunto vette importanti nello scenario artistico internazionale.

È per queste ragioni che – non potendo intervenire personalmente – sono vicino con affetto a tutti voi, promotori e partecipanti a questa iniziativa, che sarebbe tanto piaciuta a Etta. Nel suo ricordo, che mi è tanto caro, auguro di cuore, in particolare ai giovani artisti in gara, il successo e la fortuna che meritano, per la loro difficile professione e per la loro vita.

Cordialmente

Silvio Berlusconi

Il ricordo di mia sorella Maria Antonietta,
che io chiamavo da sempre semplicemente Etta,
sulla punta delle sue scarpette rosa nel saggio annuale
organizzato dalla Scuola di Danza della signora Bianchi
Cottini, da lei frequentata in via Pola 10 nel lontano 1960,
si sovrappone alle splendide figure che volteggiano
in questi anni con grande tecnica e leggiadria sul palco
del Teatro Manzoni in occasione del MAB, il Premio
riservato alle promesse internazionali del mondo
della danza.
Sono giovani provenienti da tutte le nazioni,
selezionati per rendere omaggio a questa bellissima
disciplina artistica, nella commemorazione di una
donna che alla danza ha dedicato la propria esistenza
e che ha lasciato, nella Principessa, la scuola da lei
creata con tanta dedizione insieme alla figlia Sabrina,
il suo messaggio di amore per quella che è stata
la grande passione della sua vita.

Paolo Berlusconi

La famiglia Berlusconi-Beretta (sopra) e Maria Antonietta in scena durante un saggio (sotto).

LA DANZA, UNO STILE DI VITA

Mia mamma, Maria Antonietta Berlusconi Beretta, ha abitato il mondo della danza con quella dedizione e quella discrezione che si sono tradotte naturalmente in segni di eleganza e impegno.

Lontana dal clamore della cronaca e vicina al cuore pulsante della pedagogia artistica, Etta (così la chiamavano affettuosamente in famiglia) ha colto aspettative, pensieri, difficoltà e aspirazioni dei giovani e del loro mondo. La danza era stata il suo sogno da sempre, nobile strumento di crescita, prima dell'essere umano e poi della ballerina.

Premio MAB continua in qualche modo la sua opera: è un'occasione per valorizzare i giovani artisti, coloro che si avvicinano a una disciplina così difficile e rigorosa come la danza classica. Un percorso che richiede impegno, sacrificio, senso del dovere oltre che sensibilità artistica, amore per la bellezza e capacità di espressione.

L'idea del Premio è nata dopo la prematura scomparsa di mia mamma, successivamente a una chiacchierata che ho avuto con il compianto Maestro

MAB ha rappresentato in modo concreto e sempre "delicato" quel sostegno di cui Fast, Associazione per la cura della Sindrome di Angelman, ha grande bisogno.

Benedetta Sirtori

Fascilla, che a quei tempi ricopriva il ruolo di direttore artistico della Scuola di Danza Principessa. Volevamo mantenere vivo il ricordo di mia mamma nel mondo della danza e l'istituzione di un premio ci sembrava la soluzione migliore, soprattutto per far sì che la sua passione fosse trasmessa ai giovani danzatori.

Premio MAB, a lei dedicato, intende proporre una testimonianza della sua opera nella promozione della cultura e della formazione personale tramite l'arte, proseguendo il percorso da lei iniziato nei primi anni Duemila con la fondazione e direzione della Scuola di Danza Principessa di Milano. Principessa è stata la realizzazione concreta dell'amore incondizionato che mia mamma aveva per la danza, amore poi trasmesso anche a sua figlia e mia amata sorella Sabrina. La scuola era diventata per lei una seconda casa, accoglieva i giovani ballerini iscritti ai corsi e presenziava alle lezioni dimostrative che si tenevano nel periodo natalizio ed estivo, esibizioni che volevano mostrare alle famiglie i risultati di quanto le loro figlie e i loro figli avevano appreso negli studi durante l'anno scolastico.

La mia associazione, con il Premio MAB, apre le porte ai giovanissimi, testimoniando l'impegno ad accompagnare i ragazzi in un percorso di responsabilità culturale che, a prescindere dal risultato, lasci in loro un segno tangibile di crescita artistica e umana. MAB desidera recuperare e consolidare il valore che l'arte ha e deve avere nella nostra vita e nella nostra società.

Caratteristiche principali del progetto sono da sempre qualità, professionalità e buon gusto, in un preciso percorso di eccellenza. MAB è la storia di un "grande amore" per la danza, anche grazie all'instancabile determinazione e alla vivacità che hanno animato mia sorella Sabrina, precocemente scomparsa ma sempre vera anima del Premio.

Se mi guardo indietro, non posso che compiacermi delle occasioni date a tanti ragazzi di talento, che oggi, spero anche grazie al nostro incoraggiamento, calcano le scene dei principali teatri italiani e internazionali con grande capacità e meritato successo.

Quasi per caso, durante una delle tante conversazioni tra me e Gisella Zilembo, la nostra preziosa organizzatrice del Premio MAB, prima di una riunione in Mediaset con il dottor Carlo Gorla, è balenata l'idea del libro. In quella occasione dissi a Gisella che, dopo dodici anni di attività, sarebbe stato bello riunire in un libro alcune delle foto più rappresentative e delle storie più significative raccontate dai nostri giovani danzatori nei vari eventi che l'associazione organizza.

Il libro dovrebbe trasmettere, tramite immagini e parole, le emozioni, le esperienze, le gioie e le vicende artistiche dei ballerini che hanno partecipato alle iniziative di MAB, e anche raccontare ciò che questa esperienza li ha portati successivamente a vivere.

Mia mamma era una persona dedita alla famiglia, discreta e riservata, che ha fatto del suo amore per la danza il suo stile di vita. Nella Scuola di Danza Principessa, grazie a insegnanti molto ben preparati, venivano e tutt'oggi vengono portati avanti gli ideali universali che lei riconosceva nel mondo della danza: passione, impegno, sacrificio, dedizione, eleganza.

Mi ricordo quando mi raccontava della sua ultima esibizione: andava in scena con la rappresentazione del *Lago dei cigni*, tenutasi al Teatro Nuovo di Milano nel giugno del 1968. In quel periodo si sarebbe dovuta sposare, ogni cosa era pronta, ma il suo amore per la danza prevalse su tutto, tanto da convincere Giorgio (mio papà) a spostare la data delle nozze in autunno. La passione per la danza era cresciuta in lei grazie alle lezioni di danza classica seguite sotto l'amorevole guida della sua insegnante, Luciana Bianchi Cottini.

Mamma mi raccontava che, per prepararsi alla sua ultima esibizione, due volte la settimana usciva prima dal lavoro per andare alle sue lezioni. Il tutù di quello spettacolo è rimasto gelosamente custodito per anni nell'armadio di casa, fino a che, dopo la sua prematura scomparsa, non abbiamo deciso che il suo posto dovesse essere a Principessa, la sua scuola di danza.

Ripercorrere i dodici anni di attività in questo libro vuole essere un modo per ricordare da dove siamo partiti e dove siamo arrivati, mettendo in primo piano, lungi da qualsiasi forma di autocelebrazione, le emozioni e le storie dei protagonisti del Premio, cioè i ballerini.

Il libro è il racconto di come l'incontro dei giovani talenti della danza con MAB abbia cambiato le loro vite. La parola spetta ai ragazzi, sono loro al centro di questo progetto, sono loro il futuro della danza, ed è proprio questo che mia mamma voleva trasmettere. Il suo insegnamento, il suo lascito, è a favore dei giovani, di coloro che vivono la danza come la viveva lei, con passione, impegno, dedizione, gioia, sacrificio e senso del dovere... Ora lascio quindi spazio ai loro sentimenti, alle loro emozioni, alle loro storie.

Perché MAB è fatto di storie, di sentimenti, di gioie, di condivisione, di sudore e fatica. MAB sono i talentuosi giovani danzatori; MAB sono le famiglie che li sostengono; MAB sono gli insegnanti che li formano sia umanamente sia professionalmente; MAB è una famiglia. MAB aiuta i giovani partecipanti a crescere, non solo offrendo opportunità concrete di lavoro, ma anche facendo loro vivere un sogno che si trasforma in realtà.

Il mio ringraziamento va alla grande famiglia di MAB, testimone ed erede della straordinaria passione per la danza di mia mamma, che purtroppo se ne è andata via troppo velocemente e troppo presto lasciando in me un vuoto incolmabile, ma anche la certezza che, ovunque lei si trovi, ora starà danzando tra gli angeli con il suo tutù e le sue scarpette da danza e sarà orgogliosa di vedere che la sua passione sta continuando a vivere tramite tutti noi.

Silvio Beretta

La signora Etta con la figlia Sabrina.

L'arte della danza classica è l'unica
tra le arti ad avere una così forte
incidenza formativa
in chi la pratica, perché esige
una grande forza di carattere,
tale da riuscire a modellare
il proprio corpo fino a farlo diventare
obbediente alle più alte
e belle ispirazioni artistiche.

Liliana Cosi

MAB

molto più di un premio

Rossella Brescia e Gisella Zilembo.

COME IN UN FILM

"Il principio della coincidenza è l'autentico e unico reggitore del mondo". Così scrive José Saramago in *L'uomo duplicato*.

Pur convinta che siano l'impegno, la serietà e la determinazione a renderci artefici del nostro destino, ritengo che il fattore combinazione o fatalità di cui parla il grande scrittore portoghese sia, se non deterministico, certamente fondamentale nella vita di ognuno di noi. La mia storia con e per MAB ne è la prova lampante: la nascita del Premio Internazionale di Danza Classica Maria Antonietta Berlusconi per i Giovani è in qualche modo l'esito di una serie di incontri fortuiti e straordinari che hanno segnato la mia vita personale e professionale e successivamente cambiato quella di tanti giovani che alla danza dedicano anima e corpo e che traggono linfa dai valori a cui questa meravigliosa disciplina si ispira.

Un passo (di danza) alla volta.

Fresca di laurea in Discipline dello Spettacolo, mentre sto svolgendo uno stage presso il Centro Ricerche e Innovazione Tecnologica della RAI (non propriamente il luogo nel campo dello spettacolo più adatto alle aspirazioni artistiche di una ventitreenne piena di idee e voglia di fare, né quello in cui, si potrà immaginare, passano molti ballerini), ho il mio primo, inaspettato e folgorante incontro con la danza, quella seria. Un giorno si ammala la collega addetta ai tour guidati del Centro Ricerche per i visitatori stranieri: viene chiesto a me di sostituirla perché parlo fluentemente l'inglese. Chi dovevo accompagnare per gli studi? "Un gruppo di artisti che viene dal Connecticut. Sono insieme acrobati, atleti e ballerini famosissimi" mi comunicano distrattamente. Mi tremano le gambe e allo stesso tempo sono euforica: li seguo da sempre con passione, tanto da avere addirittura sostenuto un esame all'università su di loro. Dentro di me ringrazio papà per avermi raccontato da piccola le favole in inglese e mi prodigo perché i nuovi arrivati partecipino a una visita guidata il più esaustiva possibile.

Dall'incontro con questi grandi artisti (e in particolare con uno dei migliori performer tra loro, il laotiano Amphaymany "Pi" Keohavong, prematuramente scomparso nel 2010 a soli 39 anni) nasce un'amicizia sincera e una proficua collaborazione professionale grazie alle quali prende forma e si realizza il mio sogno: organizzare eventi di danza a livello didattico, ovvero stage e seminari legati a grandi produzioni internazionali. Vivere il dietro le quinte di un loro spettacolo, vedere i tecnici e la compagnia al lavoro, scoprire le "magie" tecnologiche che questi artisti per primi avevano saputo portare su un palcoscenico furono per me un'esperienza indimenticabile e formativa che mi aprì la mente sul mio futuro lavoro e le porte del mondo della danza.

Qualche anno dopo quell'incontro "da film", Pi si prestò a insegnare all'interno dei seminari che organizzavo presso le scuole di tutta Italia e, dopo di lui, moltissimi danzatori professionisti chiesero di collaborare con me. Grazie ai contatti con quell'entourage, ebbi la fortuna di conoscere Antonio Gnecchi Ruscone, uno dei più grandi producer contemporanei, abituato a lavorare con personalità del calibro di Michail Baryšnikov, David Parsons, Daniel Ezralow... L'esperienza con Gnecchi fu, a voler credere alle coincidenze, il *pas en avant* che non avrei mai pensato di poter compiere. Per lui lavorai come educational manager durante il tour italiano di *Why* di Daniel Ezralow. La figura dell'educational manager, diffusa e consolidata negli Stati Uniti, agli inizi degli anni Duemila era nuova in Italia: si tratta di una sorta di *trait d'union* tra formazione e produzione attraverso cui le scuole di danza del territorio possono incontrare ballerini, coreografi e performer delle compagnie impegnati nei tour, chiamati per tenere master class e stage affinché il pubblico possa avvicinarsi e conoscere gli spettacoli che vedrà.

Nel contesto dell'enorme produzione di *Why*, in cinque mesi organizzai in Italia centoventi master class. Un tour nel tour che mi catapultò (giovanissima ma determinata a fare sempre meglio e con il massimo impegno) nell'olimpo della produzione internazionale, mi confermò la scelta di avere un'azienda tutta mia e accese dentro di me una lampadina. Ebbi un'idea, quella che mi portò all'incontro (la più felice delle coincidenze) con il Maestro Roberto Fascilla il quale, allora come oggi che pure non è più tra noi, rappresenta un'istituzione nel mondo della danza e sempre sarà l'anima del MAB.

Nel 2007, conclusi i giochi olimpici invernali di Torino 2006, nacque l'esigenza di riqualificare e riconvertire gli spazi utilizzati durante le Olimpiadi. Tra le pianificazioni di riconversione del sito, proposi di organizzare eventi di danza nell'ex Villaggio sportivo con l'intendimento di coniugare il messaggio e lo spirito atletico con iniziative di carattere artistico-culturale. L'idea piacque a tre manager lungimiranti (Laura Celotto, Laura Fenati e, anni dopo, Roberto Ursich) e decollò, tanto che grandi nomi e professionisti iniziarono a partecipare agli eventi semestrali che, per dieci anni, animeranno il Villaggio olimpico. Tra loro, in qualità di ospite di eccellenza, c'era Roberto Fascilla, personalità magnetica dal curriculum stellare e pure dall'incredibile umiltà, il cui solo nome incuteva reverenziale rispetto.

Non dimenticherò mai la prima volta che lo vidi di persona. Era il luglio 2008 ed ero impegnata con gli eventi e i camp di danza proprio a Sestriere. Da Salò, dove era ospite a un altro evento, il Maestro approdò al Villaggio olimpico. Cercò di me e mi venne incontro con il suo fare energico, avvolto nel dolcevita bianco che era solito indossare e che ne accentuava l'incedere elegante e insieme marziale. Arrestata la marcia, con piglio deciso mi chiese: "Zilembo, cosa succede qui?". L'approccio mi lasciò sulle prime un po' interdetta, ma fu un attimo. Aveva saputo che Federico e Giada, due giovani allievi ballerini dell'Accademia Cecchetti di Ravenna diretta da Michela Bulgarelli e da lui presentati, avevano male interpretato l'indicazione di un insegnante per una coreografia e temette che fosse stato fatto loro uno sgarbo. Imparai presto che per il Maestro (o Maestrissimo, come poi lo avremmo ribattezzato in MAB) i ragazzi venivano prima di tutto. Li proteggeva sempre a spada tratta, li amava come figli e come figli da loro esigeva serietà e impegno, rispetto per gli altri e verso sé stessi. Gli spiegai con candore che si trattava di un piccolo equivoco, che i giovani e la loro formazione erano la priorità dei nostri eventi. Il Maestrissimo allora si guardò intorno e si rese conto dell'energia positiva che aleggiava nel Villaggio e so-

Gisella Zilembo con Cristiano Castaldi.

prattutto dello spirito collaborativo che ne informava le attività: tutto era concentrato sui ragazzi e a *esclusivo* vantaggio dei ragazzi.

Allora capimmo entrambi di essere animati dalla stessa visione e posti sulla stessa lunghezza d'onda. La scintilla professionale scoccò, e in un solo giorno colui che era stato il Primo Ballerino della Scala per quasi vent'anni, l'étoile con cui avevano debuttato giovani e poi famosissime ballerine del palcoscenico scaligero (su tutte Carla Fracci, la signora della danza), il direttore del ballo dei teatri più importanti d'Italia (dal Comunale di Bologna all'Arena di Verona, al San Carlo di Napoli) e un apprezzato coreografo, divenne il mio mentore nel lavoro e nella vita, oltre che il punto di riferimento imprescindibile del progetto MAB.

Quel giorno scoccò anche una scintilla di affetto sincero e profondo che porterò con me per tutta la vita. Il Maestro Fascilla divenne il mio secondo papà o, come lo chiamava affettuosamente mio figlio Giovanni, di quattro anni, il "nonno tre" della nostra famiglia, che nella sua scuola elementare, in occasione delle giornate *Il nonno racconta*, affascinava i piccoli compagni narrando di piroette e danzatori, teatri e musica, scarpette e storie d'incanto (orgogliosissimo, Giovanni ricordava agli amici che solo il suo nonno tre era chiamato "maestro" e che addirittura compariva nei libri con la copertina rigida).

Ai tempi del nostro incontro, io lavoravo anche come organizzatrice di eventi e spettacoli immersivi di danza per un albergo di lusso in Costa Smeralda, e coincidenza volle (ancora) che la mia esperienza in Sardegna fosse determinante per la nascita di MAB, perché proprio dalla Sardegna l'idea del premio prese avvio, con una contemporanea intuizione di Roberto Fascilla e Stefano Pilato, direttore della struttura.

Parto dall'inizio. Un giorno il Maestro mi invitò a Milano per visitare Principessa, la prestigiosa scuola di danza di cui era direttore artistico. Ciò che rendeva e ancora rende eccellente Principessa sono i valori fondanti sui quali, nel 2001, per volontà di Maria Antonietta Berlusconi, la scuola nacque. Valori che io ebbi l'onore di vedere praticati e di comprendere profondamente dalle dirette parole della signora Etta, come tutti chiamavano Maria Antonietta, che conobbi proprio in occasione della visita a Milano. Mi preparai all'appuntamento con una certa apprensione: sarei stata all'altezza di un simile ambiente? Avrei detto le cose giuste? Stavo per conoscere un membro della famiglia Berlusconi...

Le mie insicurezze svanirono non appena mi trovai davanti alla signora Etta: grandi occhi scuri dolcissimi dietro gli occhialoni, un semplice golfino bordeaux, il sorriso accogliente, il fare gentile, una passione per la danza classica coltivata e praticata fin da piccola che traboccava dal suo entusiasmo e dalle sue parole. Mi fece vedere i bambini che si esercitavano in sala, mi disse che qualche volta, ancora, si metteva alla sbarra con Roberto, perché lui, sottolineò, era il Maestro per eccellenza e per gli allievi della sua scuola aveva voluto solo l'eccellenza. Capii bene cosa avesse spinto la signora Etta a fondare Principessa: la scuola era nata per dare l'opportunità ai giovani che a vario titolo non avevano la possibilità di accedere agli enti lirici o a una carriera professionale di studiare danza con professionisti di altissimo profilo. E chi se non il Maestro Fascilla, reduce dalla direzione del ballo del San Carlo di Napoli, era più titolato e competente a svolgere tale missione? Chi meglio di lui poteva trasmettere agli allievi l'amore assoluto per la danza e la disciplina, la pulizia di pensiero e la cura di mente e corpo che essa richiede e porta con sé?

Quell'incontro mi è rimasto nel cuore. Trattenni i valori irradiati dalla scuola Principessa e li feci miei. Valori che di lì a pochi mesi sarei stata chiamata a diffondere attraverso il MAB.

Maria Antonietta Berlusconi morì all'improvviso il 26 febbraio 2009, poco dopo la mia visita a Principessa. Il vuoto che lasciò nella sua famiglia e in tutti coloro che l'avevano conosciuta e che con lei avevano condiviso la passione della danza fu incolmabile. Ma ciò che la dolcissima signora Etta aveva trasmesso a tutti era la forza, la determinazione e la ferrea volontà di aiutare i giovani danzatori a perseguire i loro sogni. Per ricordarla come lei avrebbe voluto e mantenere vivo ciò a cui questa amabile e tenace signora aveva dedicato la vita si pensò di omaggiarla intitolandole un evento già in calendario: uno spettacolo-competizione di danza riservato ai giovani. La serata si svolse in un noto albergo della Costa Smeralda, terra cara ai Berlusconi, io ne ero l'organizzatrice, il Maestro Fascilla il direttore artistico e Stefano Pilato il promotore. L'evento fu per scelta strettamente privato, senza alcuna copertura mediatica. Alla competizione-spettacolo assistettero solo la famiglia, ritiratasi per qualche tempo in Sardegna, e il Maestro Fascilla. Fu una serata emozionante, discreta, elegante e allo stesso tempo semplice, proprio come la signora Etta era e avrebbe desiderato. Dopo lo spettacolo, i Berlusconi preferirono, alla cena faraonica in programma per loro, un incontro conviviale con i ballerini davanti a un semplice piatto di pasta al pomodoro. Fu un momento, malgrado tutto, di gioia, entusiasmo, scambio e *condivisione*. Ancora oggi mi ritrovo a pensare che la signora Etta quella sera ci abbia in qualche modo illuminati. Come se da lassù ci avesse esortati tutti (organizzatori, ballerini, membri della famiglia) a seguire le sue intuizioni, a procedere nella strada da lei intrapresa.

Quando, nel settembre di quell'anno, ricevetti la più inaspettata delle telefonate, ebbi un'idea più precisa di cosa intendesse José Saramago.

PROGETTI E IDEE: IL MAB PRENDE FORMA

Sul display del cellulare compare un numero sconosciuto. "Dottoressa Zilembo? Buongiorno, sono il fiduciario della famiglia Berlusconi. Avremmo il piacere di convocarla per un incontro finalizzato a valutare la possibilità di organizzare un evento intitolato alla signora Maria Antonietta Berlusconi". Per quanto avessi già vissuto in più occasioni situazioni "da film", per quanto alta potesse essere la mia autostima, la prima reazione fu di pensare a uno dei soliti scherzi del mio amico Marco, serissimo avvocato con la passione per le burle telefoniche. Dunque rispondo: "Marco, smettila. Dopo tanti anni, non ci casco più". E riattacco. Il cellulare squilla di nuovo: "Buongiorno, sono il fiduciario della famiglia Berlusconi...". Riattacco. Così per tre-quattro volte. A quel punto è il numero del Maestro Fascilla a com-

Sopra: Matilde Silvestri, Rossella Brescia, Anna Maria Prina, Roberto Fascilla e Gisella Zilembo.
Sotto: Carla Fracci, Luciano Cannito, Gisella Zilembo, Rossella Brescia e Manuela Febbo.
Nella pagina precedente: Rossella Brescia e Gisella Zilembo.

parire sul display: "Gisella, ma che figure mi fai fare? Ti stanno cercando. Ho detto io di farlo. Ho un'idea per creare un evento di danza dedicato alla signora Etta, sulla scorta di quello che si è tenuto in Sardegna". Questa volta al numero del fiduciario della famiglia Berlusconi rispondo entusiasta. Non prima di essermi sperticata in mille scuse...

Fui dunque convocata nella sede di Principessa, a Milano. La gioia irrefrenabile si mescolava all'agitazione, all'ansia, ancora una volta, di non essere all'altezza, di essere stata chiamata per una cosa più grande di me. Ricordo che per l'occasione comprai un tailleur apposta che, almeno dal punto di vista del *dress code*, mi facesse sentire a mio agio per quella che pensavo sarebbe stata una riunione di business di altissimo livello. A mettermi a mio agio, però, non fu l'impeccabile tailleur, ma l'umanità e la professionalità delle persone che mi trovai davanti e i progetti e le idee che ne scaturirono. Mi accolse Giorgio Beretta, il marito della signora Maria Antonietta. Una cortesia d'altri tempi, stessa dolcezza e riservatezza dell'amatissima consorte. A lui era stretta la famiglia intera, partecipe e altrettanto aperta e disponibile. Mi venne offerto un caffè, mi sedetti, mi rilassai.

E soprattutto ascoltai.

Ascoltai nel dettaglio la storia della signora Etta: i suoi sogni, le sue passioni, i suoi *valori*. Su questi ultimi, in particolare, la famiglia si soffermò, raccontandomi di come Maria Antonietta avesse sempre vissuto la danza come un mondo di valori da trasmettere ai giovani, valori che dessero loro risposte, anche nei momenti più difficili della loro crescita. La signora Etta aveva creato la sua scuola per fare della danza il punto fermo di bambini e ragazzi appassionati e dediti, che proprio nel ballo avrebbero sempre potuto trovare uno scudo, un baluardo, una sorta di "cerotto della vita" che fosse una certezza e un conforto, ma anche uno sprone continuo al miglioramento di sé.

Quel giorno scoprii un lato nuovo della signora Maria Antonietta. Donna mite e discreta, certamente, ma anche solida e ferma nel raggiungimento dei propri obiettivi. Una vera leonessa, pensai, accudente ma pronta alla difesa, fiera e mai aggressiva.

Per perpetuare il suo ricordo e soprattutto la sua missione, il signor Giorgio, i figli Silvio e Paolo e la famiglia tutta (in prima linea la figlia Sabrina, che con la mamma aveva condiviso la passione per la danza classica e il sogno di Principessa) mi chiesero di ideare un evento che potesse portare avanti il lavoro di Maria Antonietta e incarnarne i valori; un evento in grado di promuovere il talento dei giovani, un trampolino di lancio per tutti coloro che altrimenti avrebbero fatto fatica (per estrazione, condizione, contingenze della vita) a varcare le porte delle grandi opportunità. Mi si chiedeva un progetto pensato a misura di chi aveva accolto "La danza come stile di vita" nel segno dell'eccellenza. Nacque così, intorno a quel tavolo, quel giorno, il motto del MAB: *La danza come stile di vita.*

Il racconto mi affascinò, mi commosse, mi coinvolse. In mente avevo già mille idee da proporre, elaborare, realizzare. Prima di proferire qualsiasi altra parola, però, feci a me stessa e a tutti loro la più naturale delle domande: "Perché *io*? Perché, tra i tanti professionisti al top che avete a disposizione, insegnanti nei master di organizzazione di ben maggiore esperienza, avete scelto *me*, giovane manager?". La risposta fu immediata e aveva *in nuce* tutta la filosofia di MAB: se si voleva offrire un'opportunità ai giovani di talento, prestando loro ascolto e dando valore alle loro idee e alle loro passioni, era bene partire con il piede giusto, ovvero da una giovane organizzatrice presentata dal Maestro Fascilla, con una già valida esperienza alle spalle ma anche con quella dose di incoscienza ed entusiasmo indispensabile per creare un evento dedicato a danzatori e danzatrici in erba. A posteriori, posso dire di essere stata, a trent'anni, la prima vincitrice in pectore di MAB.

Ebbi carta bianca, fiducia assoluta e quindici giorni di tempo per mettere a punto il progetto.

Mi sembrava incredibile avere piena libertà di manovra, alla mia età, per "committenti" tanto importanti. Non mi fu detto: "Vogliamo un evento così e così". Bensì: "Questa era la nostra mamma, moglie, sorella. Pensa tu al modo migliore per tenere viva la sua passione e per far sì che si possano aiutare più ragazzi possibile". Ero al settimo cielo, ma mi assalì anche, forte, il peso della responsabilità, stemperato dalla figura paterna e autorevole del Maestro

Rossella Brescia, Gisella Zilembo, Silvio Andrea Beretta e Roberto Fascilla.

Fascilla, che da allora avrei sempre avuto al mio fianco in qualità di direttore artistico e come punto di riferimento imprescindibile in questa nuova avventura. Mi misi al lavoro con il massimo impegno e serietà. Ripensai a tutto ciò che mi era stato trasmesso, cercai di non trascurare neanche un dettaglio e due settimane dopo mi ripresentai con un piano per MAB.

L'ormai lunga storia del Premio dice che interpretai nel modo giusto i desideri dei Berlusconi-Beretta e che l'evento che avevo pensato ben rappresentava i valori della signora Etta: una grande competizione di danza che, banditi egocentrismi e vetrine personali, mettesse al centro della scena la promozione dei giovani talenti. Un errore di interpretazione, però, lo commisi. E fu un errore frutto del mio bagaglio professionale e dei preconcetti che ne derivavano. Nella pianificazione di qualsiasi evento e concorso di danza, ero abituata a presentare anche delle proposte di budget: qualsiasi progetto doveva essere sostenibile, fattibile e proficuo, ovvero doveva produrre reddito. Quando tornai nella sede di Principessa, le mie idee furono tutte accolte con entusiasmo, ma il tema budget fu cestinato: MAB, mi fu detto, non doveva dare profitti, ma portare valori. La famiglia (in seguito con i futuri sponsor) avrebbe finanziato interamente l'evento e tutto, per i partecipanti e i loro accompagnatori, sarebbe stato a carico dell'organizzazione. MAB nasceva così gratuito, internazionale e generoso, e con la barra del timone puntata verso un'unica direzione: vedere realizzati i sogni di giovani incondizionatamente folli per la danza. Per quanto mi riguarda, fui felice di stravolgere la mia filosofia, che da economica divenne filantropica. Non mi rapportavo più con dei clienti, non c'erano committenti. Ero entrata nell'orbita del mecenatismo.

MAB è stato ideato come un concorso, inteso non come competizione ma come strumento di emulazione e occasione di impegno. Una sorta di simposio di talenti volto a celebrare i valori della danza. Dedicato esclusivamente alla disciplina classica (altra novità per un concorso coreutico), MAB ha avuto da subito una caratura internazionale e, come da esplicito desiderio della famiglia, si è distinto fin dalla prima edizione per la cospicuità dei contributi, sia in termini di denaro sia di opportunità di formazione e inserimento professionale, anche grazie a partner esterni che, sebbene non direttamente coinvolti nell'evento, hanno voluto omaggiarlo con un tributo di stima. Si tratta di enti lirici, teatri, compagnie, università internazionali e operatori di settore. Tradizionalmente, è strutturato in categorie: ballerini juniores (12-17 anni), ballerini seniores (18-24 anni), composizioni coreografiche (di coreografi esordienti, con interpreti senza limite di età). Categorie che nel corso degli anni hanno subìto vari cambiamenti: sono state inserite, per esempio, la categoria Primavera per i piccoli solisti e la categoria Giovani Professionisti (questi ultimi, in numero di sei e provenienti da tutto il mondo, sono invitati dal direttore artistico).

L'attesa si fa trepidante fin da marzo, quando la giuria è chiamata a selezionare le centinaia di video che ogni anno e da ogni dove (tra i candidati del passato si annoverano danzatori dell'Alaska o un gruppo di ballerini sudafricani che, finalisti, si sono esibiti da remoto in tempi non pandemici) vengono trasmessi a MAB a partire dal 30 ottobre, data fissa dell'apertura del bando. A proposito di giuria, peculiare è la sua composizione, che cambia nei vari momenti della selezione, così da avere il contributo di più punti di vista ed evitare che i gusti personali influenzino l'attribuzione dei risultati. Unica eccezione è sempre stata la presenza come giurato del Maestro Fascilla, esperta e autorevole figura *super partes*.

Alla prima fase eliminatoria che valuta i video pervenuti segue la fase semifinale (alla quale è ammesso il dieci per cento circa dei candidati), che avviene dal vivo e si tiene in location dove i giovani ballerini possono esercitarsi in contesti di assoluta tranquillità e agio e concentrarsi per il superamento dell'ultima fase di selezione, quella che porterà solo cinquanta di loro alla finale: la serata di gala al Teatro Manzoni di Milano. Il sogno, la notte da favola che apre al mondo il sipario di MAB e con esso la bellezza, il cuore e la tensione creativa di tutti i partecipanti.

Rossella Brescia e Gisella Zilembo.

LA NOTTE DELLE STELLE

"Mamma, ma sei tu?".

Quando, il 3 giugno 2010, mia figlia Matilde, poco più che ragazzina, mi incrociò nel foyer del Teatro Manzoni vestita per la serata di gala del primo MAB, stentò a riconoscermi. L'abito da sera, l'acconciatura, il make-up impeccabile mi avevano trasformata ai suoi occhi in una principessa. E forse una principessa, per quella notte e per tutte le altre notti magiche che sono seguite e che rappresentano l'evento clou di ogni edizione del Premio, mi ero sentita e mi sento sempre anch'io.

Dopo aver presentato la prima conferenza stampa di MAB a Milano a Palazzo Marino in preda a un panico adrenalinico (la carta bianca lasciatami dalla famiglia non era stato un semplice modo di dire), credevo di aver superato la prova mediatica più impegnativa. E invece imparai presto che una conferenza stampa non è nulla rispetto alla serata di gala di MAB, il cui parterre conta le personalità più importanti dello spettacolo, del giornalismo, dello sport e della cultura oltre che, naturalmente, il gotha della danza.

Non appena varcai le soglie del Teatro, mentre dentro di me la centrifuga emotiva di euforia e timore non accennava a rallentare, presi coscienza di quello che stava per accadere. A disposizione mia (e delle ragazze dello staff) era stato approntato un camerino con tanto di truccatore e *hair stylist* dedicati. Quando vi entrai, venni inondata dalla pregiata fragranza del profumo di cui ogni signora fu omaggiata. Davvero tutto questo era per me?

Uscii dal camerino. Il pubblico era stato fatto accomodare in sala. Il Maestro Fascilla, serafico, raggiunse la giuria, mentre io dovevo aprire l'evento. Feci un respiro profondo. Non mi sentivo un pesce fuor d'acqua, altre volte mi era capitato di gestire i tempi di uno spettacolo. Credevo di essere preparata... Ma non lo ero a tutto. Per lo meno non alla "carica" dei giornalisti che, al mio ingenuo e incauto "Via", si accalcarono agguerriti per penetrare in platea. Le discrete ma sempre presenti guardie del corpo che mi circondavano mi fecero scudo e io istintivamente mi "difesi" dietro le spalle titaniche di una di loro mentre, rassicurante, il fiduciario della famiglia Berlusconi mi incoraggiava: "Signorina Zilembo, stia tranquilla. La proteggiamo noi. Decida lei, come crede, chi può entrare e chi no". Diedi accesso ovviamente solo ai giornalisti accreditati, alcuni dei quali si andarono letteralmente a sdraiare sotto il palco di Silvio Berlusconi. Quindi la serata cominciò per davvero.

Ai gala di MAB l'atmosfera è sempre glamour e scintillante. E vige un *dress code* molto elegante: non si tratta di frivolezza, quanto di celebrare e portare rispetto al lavoro dei ragazzi, alle famiglie trepidanti e al palcoscenico che, per una notte, è tutto per loro. Gli abiti delle signore frusciano a terra, le luci brillano, i flash abbagliano (nel foyer, sul tappeto rosso che si srotola davanti ai totem di MAB, gli scatti delle foto di rito con il personaggio o il ballerino del cuore rimandano a rutilanti appuntamenti internazionali come i festival di Venezia e di Cannes...). L'ingresso alla serata, evento attesissimo nel mondo della coreutica e non solo, è strettamente a invito. Prioritari sono i biglietti per le famiglie dei ballerini (che prendono posto nella platea vip) e per le personalità. Sono poi messi a disposizione sul sito di MAB circa duecento biglietti, prenotabili gratuitamente a ridosso dell'evento. Tempo medio perché vadano esauriti? Diciassette minuti. Chi non è stato abbastanza rapido online e non vuole demordere, il giorno del gala, già in abito da sera, si mette in lunga e paziente fila con la speranza che qualcuno rinunci al proprio posto.

Tuttavia, malgrado l'*allure* che circonda la serata finale del Premio Maria Antonietta Berlusconi e il palmarès di stelle presenti all'evento, l'atmosfera, l'aria che si respira è famigliare, calorosa, accogliente. Sabrina Beretta, in particolare, col suo entusiasmo genuino, il suo sorriso aperto e gli occhi brillanti e affamati di vita, ama "a prima vista" questo senso di gioiosa condivisione. Ci tiene tantissimo e si informa su ogni fase dell'evento, sempre sottobraccio all'adorato papà, sempre curiosa di ogni dettaglio, interessata all'ingranaggio virtuoso che cerca di fare incontrare i sogni dei candidati con il loro desiderio di realizzarli, osservando e sostenendo, con cura, il talento. Ci sentiamo tutti (organizzatori, staff, ballerini, accompagnatori) parte di un grande, realizzabile e umanissimo sogno. Io stessa, fin da quella prima edizione, mi sono sentita subito a casa in MAB. Ricordo che, durante l'intervallo tra le esibizioni dei ragazzi, l'intervento degli ospiti e le premiazioni, durante il mio frenetico andirivieni per coordinare retropalco e platea, mi intercettò mio figlio Giovanni, allora bambino, il quale iniziò a trotterellare dietro alla mamma vestita con quell'inconsueto e magnifico abito. In quel momento non potevo dargli retta e lessi sul suo visino la delusione. In mio soccorso venne Silvio Beretta, che lo prese con sé, riuscì a distrarlo e lo affidò in buone mani. Una volta a casa, a luci del teatro spente, prima di crollare addormentato, Giovanni mi disse: "Mamma, sai che quel signore, lo zio di Silvio che si chiama Silvio, conosce moltissime barzellette divertenti? Stasera mi ha fatto sedere vicino a sé e mi ha fatto ridere tantissimo...".

Proprio lo zio di Silvio Beretta, colpito dall'impegno di tutti e dal successo dell'evento che gli parve esprimere esattamente la volontà dell'amata sorella Maria Antonietta, quella sera istituì in modo del tutto estemporaneo il Premio speciale Silvio Berlusconi (o semplicemente Premio SB), destinato, su proclamazione della giuria, al miglior gruppo performativo per la realizzazione di una produzione. L'erogazione del lauto contributo sostiene da anni il non facile lavoro di coreografi e compagnie emergenti, che ormai tradizionalmente, in qualità di ospiti, tornano al gala di MAB per l'edizione successiva a quella che li ha visti vincitori. Il Premio SB è stato l'unico intervento di Silvio Berlusconi a MAB. Successivamente, mai un'intromissione, mai una richiesta, mai un commento se non entusiasta sull'operato di tutti. Dal 2010 il Cavaliere si è limitato a ringraziare singolarmente tutti coloro che lavorano per la realizzazione dell'evento e... a godersi lo spettacolo come parte del pubblico.

D'altronde, il ringraziare in MAB è pratica diffusa. Dalla prima edizione, salvo pochissime eccezioni, la presentazione del gala è stata affidata all'eleganza e al garbo di Rossella Brescia che, con un ringraziamento speciale a tutti i ragazzi e alle loro famiglie a nome di Silvio Beretta, apre (letteralmente) le danze. Incanto nell'incanto, Rossella Brescia è quanto di più lontano dal divismo che caratterizza non pochi personaggi del nostro mondo e per questo è la perfetta incarnazione della favola di MAB. Amata e stimata dalla famiglia Beretta-Berlusconi come persona e come professionista, con la sua grazia e il suo sorriso ammalia il palcoscenico del Teatro Manzoni celebrando e condividendo i valori del Premio. Fu lei, al primo gala, ad annunciare l'istituzione del Premio Silvio Berlusconi. Fu lei a leggere, nella sorpresa di tutti, la lettera di ringraziamento con cui il Cavaliere, l'anno in cui non poté presenziare al gala per motivi di salute, ricordava *in primis* la grandezza del Maestro Fascilla e la sua dedizione a Premio MAB, ma anche l'impegno di tutti coloro che, me compresa, giovanissima educational manager, avevano fatto in modo che il sogno si realizzasse. Fu ancora lei, insieme al Maestro Fascilla, a rinunciare fin da subito al suo intero cachet in favore di borse di studio per i ragazzi, veri e unici protagonisti di un premio che si volle generoso fin dalla sua ideazione.

LA FORZA PROPULSIVA DELLA DANZA

Fin dalla sua nascita, MAB è stato un progetto dinamico, ovvero pensato con un corredo di iniziative che negli anni si sono evolute allargandone portata e orizzonti e amplificandone il respiro internazionale. Borse di studio e contratti di studio e lavoro con enti partner in Italia e nel mondo sono le proposte "esterne" messe a disposizione dei ragazzi per entrare da professionisti nel mondo della danza o per studiare presso le scuole e le istituzioni a cui aspirano. Per quanto riguarda invece le iniziative "interne", le Residenze Artistiche, nate con la terza edizione del Premio, sono il fiore all'occhiello di MAB. Si tratta di corsi intensivi periodici della durata di sei weekend, uno al mese, in cui allievi provenienti da tutta Italia e di diverse età (classe Vivaio dai nove anni e classe Danzatori dai tredici) soggiornano e studiano danza in strutture adeguate scelte da MAB presso partner tecnici. Durante le Residenze, i giovani, impegnati in materie teoriche e pratiche, hanno l'opportunità di prepararsi con insegnanti ospiti, eccellenze italiane e internazionali. L'attestato di allievo delle Residenze Artistiche di MAB, che si ottiene alla fine del corso previa verifica, è un traguardo ambito dai ragazzi perché costituisce un "titolo" con un valore e un peso riconosciuti nel mondo della coreutica. La retta, irrisoria, per la frequenza delle Residenze è interamente reinvestita, alimentando un circolo virtuoso, in altre iniziative quali borse di studio, seminari e i camp estivi e invernali, "palcoscenici intensivi di studio" sui quali centinaia di ballerini si cimentano per mostrare le loro doti coreutiche e personali in vista della candidatura al Premio e dell'accesso alle Residenze Artistiche stesse.

Con gli occhi sempre rivolti al futuro dei ragazzi e alla valorizzazione della danza, le attività e le iniziative di MAB non si sono mai fermate, neanche nel momento drammatico dell'emergenza sanitaria esplosa a marzo 2020. La battuta d'arresto è durata lo spazio di un mattino e le maniche sono state subito rimboccate al fine di trovare soluzioni e supportare non solo gli allievi, ma tutto il settore duramente colpito dalla pandemia. Ne sono testimonianza molte delle storie raccontate in questo libro e altre centinaia di giovani voci e giovani vite per le quali, grazie a MAB, gli incontri online sono stati non una forma surrogata dell'insegnamento in presenza, bensì un trampolino di lancio per esperienze nuove e stimolanti e opportunità prima impensabili. Residenze Artistiche e camp sono stati portati avanti da remoto, arricchiti dalla presenza di personalità internazionali che, solo attraverso la "democraticità" dell'online, hanno potuto entrare nelle case di tutti i ragazzi.

A maggio 2020 il Progetto Re-Star era pronto a partire. Con un gioco di parole, si è voluto esprimere nel nome il triplice significato dell'iniziativa: Re-Star come restare al proprio posto (e non abbondonare il campo), come essere di nuovo stelle (perché le stelle ci hanno aiutato), come tornare a riveder le stelle. Il Progetto ha permesso agli allievi di MAB di frequentare lezioni e *meet and greet* con dieci star mondiali della danza, nomi da capogiro, le quali si sono messe a disposizione dei ragazzi, dei loro insegnanti e di tutta la famiglia di MAB per dieci straordinarie settimane. Marco Agostino, Martina Arduino, Julio Bocca, Misty Copeland, Susan Jaffe, Robert Hoffman, Natal'ja Osipova, Igal Perry, Desmond Richardson e Wendy Whelan hanno risposto alla chiamata di MAB con entusiasmo. Le loro luci, professionali e di vita, hanno illuminato le menti dei ragazzi e tenuto accese fiducia e speranza. Quanti dei nostri giovani avrebbero potuto altrimenti fare una videochiamata con Misty Copeland per chiederle dei suoi esordi, dei suoi studi e, perché no, quale sia la sua colazione abituale prima di entrare in sala? Quanti, se non con un click, avrebbero potuto frequentare le lezioni del New York City Ballet, di Peridance, dell'Alvin Ailey tenute personalmente dai rispettivi direttori?

Determinanti sono stati l'impegno e l'entusiasmo di grandi nomi della produzione televisiva (Carlo Gorla, Rossana Mandressi) e volti noti del grande schermo (primi fra tutti Federica Panicucci e Francesco Vecchi), che da Mediaset e Mediafriends ci hanno aiutato a far conoscere le iniziative a favore del settore e dei giovani sostenendo il diffondersi di una cultura della danza che in qualche modo è paradossalmente uscita rafforzata da una crisi così profonda.

Oltre ai *meet and greet*, i fondi della mancata serata di gala 2020 sono stati utilizzati per finanziare sei mesi di formazione imprenditoriale gratuita e consulenze di *business coaching* individuali per i direttori delle scuole di danza in difficoltà (sostenuti anche dalla larga visibilità data loro da MAB sulle riviste di settore) e per organizzare eventi di "salute sociale e culturale" che smuovessero gli animi intorpiditi dal difficile momento, nonché i proventi delle scuole stesse.

Abbiamo deciso di chiamare l'edizione straordinaria della finale di MAB 2021 Ballet plus, evento che, ancora una volta, ha voluto sfruttare le opportunità offerte dalla tecnologia a distanza. Tenutasi online, la finale 2021 ha visto sfidarsi su una coreografia originale del coreano Jae Man Joo venti ragazzi "normali", il cui talento, al di là dei tecnicismi, sta nella costanza manifestata nello studio della danza e nella fermezza dei propositi anche nel

*Sostenere, stimolare e indicare
il cammino per realizzare un sogno,
un obiettivo, è uno dei compiti
che gli adulti hanno verso i giovani.
Alla signora Etta, da un'idea
del Maestro Roberto Fascilla
e Gisella Zilembo, è dedicato il Premio
MAB, che questo principio incarna.
Siamo grati alle famiglie Beretta
e Berlusconi per la loro generosità.*

Anna Maria Prina

mare in tempesta. Plus, dunque, inteso come oltre. Oltre il presente, oltre l'idea tradizionale di danza, oltre il virtuosismo.

Guardare oltre, verso il futuro. Un futuro brillante preparato, con impegno e fiducia, in un presente pieno di idee, iniziative, voglia di fare.

GRANDI NOMI PER GIOVANI TALENTI

Al centro della porta, come in quella di tutti i camerini che MAB riserva alle personalità dello spettacolo, il suo nome campeggia affiancato dalla parola "star". Busso timidamente. Rossella Brescia, signora della danza italiana di cui avevo sempre ammirato la grazia e l'eleganza, ha chiesto di me prima dell'inizio della serata. Entro, mi presento e sento che la conduttrice del primo e dei futuri premi MAB chiede con gentilezza all'*hair stylist*: "Qualcosa di semplice, la scena stasera deve essere solo dei ragazzi". Mi metto nei panni del povero parrucchiere: per quanto possa fare un'acconciatura semplice, la bellezza di Rossella Brescia è talmente mozzafiato che sarà impossibile mitigarla. Poi, con la stessa gentilezza, si rivolge a me con fogli ed evidenziatore in mano: "Gisella, per favore, aiutami a verificare la scaletta". Mi siedo accanto a lei e cominciamo a passare in rassegna i nomi dei concorrenti (in particolare degli stranieri, che vuole pronunciare perfettamente) e a controllare che tutto sia esatto, che non ci siano errori. Capisco subito che, oltre alla bellezza incantevole, Rossella Brescia ha una professionalità eccezionale. Con lei ci sono l'elegantissimo manager Alessandro Lo Cascio e il compagno Luciano Cannito, coreografo, regista e membro della giuria di MAB. Tutte persone cortesi, preparate e squisitamente alla mano. Ricordo che in occasione del primo MAB, dopo la minuziosa analisi della scaletta, Rossella, la quale insistentemente chiedeva a me e al bravissimo stage manager di allora Paolo Abergo di alternarci sull'unica (per motivi di ingombro del retropalco) sedia a lei destinata, osservava con attenzione da dietro le quinte tutte le esibizioni per poter poi impostare le brevi interviste ai candidati sui loro tratti umani e personali. Per questo chiedeva a me, che conoscevo i ragazzi, se andasse bene questa o quella domanda che intendeva formulare per ciascuno di loro.

Umiltà, spirito di osservazione, sagacia hanno sempre costituito il registro stilistico con cui questa bravissima professionista della danza ha gestito la sua carriera nel mondo dello spettacolo. Con grande intelligenza, Rossella ha sfoggiato solo marginalmente nello *show business* la sua strepitosa bellezza. La sua figura statuaria, il suo portamento elegante non passano mai inosservati, ma non è su questo che Rossella ha "giocato le sue carte". Dotata di fine ironia e di un eloquio brillante, si è sempre distinta per simpatia e acume, anche e soprattutto in occasione dei gala di MAB, eventi "istituzionali" da lei condotti con grande umanità e disinvoltura. Tra le tante, indimenticabile fu la battuta da lei rivolta ai due ballerini finalisti cui toccò sfidarsi sulla medesima coreografia (*La Sylphide: James' variation*), che prevedeva per entrambi come costume di scena un tradizionale kilt scozzese. Il livello della competizione era altissimo, il nervosismo palpabile. Rossella, con la simpatia che le è propria, disse: "Vedo che il guardaroba non presentava molte alternative". Pubblico e giuria scoppiarono in un applauso, ai ragazzi fu strappato un sorriso e la tensione si sciolse in un baleno.

Non c'è concorrente che non si sia sentito a proprio agio con Rossella Brescia. D'altronde, nessuno meglio di lei può capire le ansie, le paure e i tremori da stage dei giovani ballerini. Lei, che ha iniziato a ballare da ragazzina nella piccola Martina Franca con il sogno di arrivare in alto e di dedicare tutta sé stessa alla danza. Lei che, oggi professionista affermata, nella scuola di danza che porta il suo nome proprio nella cittadina pugliese da cui ha spiccato il volo insegna ai suoi allievi a non scambiare la periferia geografica, ai margini dei centri nevralgici della produzione artistica, per una periferia delle possibilità e del talento. Con la motivazione e la perseveranza, con i sacrifici quotidiani i sogni possono essere afferrati e realizzati. Rossella è la "prova danzante" dei suoi insegnamenti, lei che ancora oggi inizia la sua giornata alla sbarra, sempre pronta, in sala come nella vita, a migliorare.

Sopra: Rossella Brescia, Carla Fracci, Luciano Cannito, Roberto Fascilla e Gisella Zilembo.
Sotto: il momento delle premiazioni alla serata di gala dell'edizione del Premio MAB 2019; nel gruppo si riconoscono Rossella Brescia, Gisella Zilembo, Anna Maria Prina, Tomorr Kokona e Kristian Cellini.

Credo che la danza sia una forma d'arte spesso sottovaluta e che iniziative come il Premio MAB aiutino in modo considerevole a promuoverla.

Paolo Giordano

Bella, brava, simpatica. Posso dire altro di quella che, dopo tanti anni di MAB, è diventata una cara amica? Sì, posso dire che Rossella Brescia non è e non ha mai avuto atteggiamenti da prima donna. Disponibilissima, non ha ritrosie a dividere la scena. Neanche con chi, come me, non è un personaggio noto dello *showbiz*. Non c'è edizione in cui, al momento dei saluti, non mi voglia accanto a sé sul palco. Ricordo con commozione che, in occasione del decennale di MAB dedicato a Roberto Fascilla (e da lei condotto con l'entusiasmo di sempre assieme a Rudy Zerbi), facemmo insieme il ringraziamento al Maestro, per cui Rossella ha sempre avuto stima infinita.

Per tutte queste qualità, Rossella non è solo la madrina del Premio Maria Antonietta Berlusconi, ne è anche stata fonte di ispirazione. Quel suo modo di fare improntato all'ironia e alla semplicità, capace di veicolare contenuti tecnici anche a chi è digiuno di danza classica, quel suo saper coinvolgere l'eterogeneo pubblico di MAB (addetti ai lavori ma anche mamme, papà e persone che semplicemente riconoscono nella danza una forma d'arte bellissima e godibilissima) hanno dato forma a un'idea che nel tempo si è sedimenta nella mia mente e che ha tratto linfa dalla convinzione del Maestro Fascilla, secondo cui la danza è danza se è in grado di parlare a tutti e di suscitare emozioni in chiunque le si avvicini.

Consapevole della leggerezza e della gioia manifestate da tutti coloro che assistevano a un gala di MAB, pensai dunque all'istituzione di una giuria entertainment che affiancasse la tradizionale e ovviamente intoccabile giuria tecnica. Silvio Beretta e il Maestro Fascilla accolsero con entusiasmo l'idea (non finiva mai di stupirmi il Maestro: anche allora, quasi ottantenne, aveva lo sguardo sempre rivolto al futuro, all'innovazione, al superamento di qualsiasi pedanteria), e insieme proponemmo la "giuria parallela" per MAB a Massimo Colajanni, Direttore delle Risorse Artistiche di Mediaset. Proattivo, Massimo di slancio ci suggerì, tra gli altri, il nome di Rudy Zerbi, perché, ci disse, "è giovane, è creativo, è un papà e ha tante idee per i ragazzi". Uscimmo da Mediaset con il numero di Rudy e ci muovemmo per passi ufficiali ma, fin dalla risposta al primo messaggio ricevuto, il volto amato della radio e della tv ci fece sapere: "Bando alle formalità, sentiamoci e vediamo cosa possiamo fare insieme".

È nata così la "convocazione" del primo giudice della giuria entertainment. Da allora, alle finali di MAB, nella fila centrale del Teatro Manzoni siede la giuria tecnica composta da star della danza, étoile, direttori di teatro e di compagnie; e in un altro settore, sempre al centro, si trova la giuria dei non addetti ai lavori, composta da tre o cinque giudici provenienti dal mondo dello spettacolo e della cultura ma non esperti di danza, che esprimono i propri giudizi da "persone comuni".

La giuria entertainment fa il suo esordio a MAB nel 2016 e consta di un trio di altissimo livello. Accanto a Rudy Zerbi ci sono Paolo Giordano e Gianluca Impastato. Il primo, già membro della nostra giuria tecnica, ci disse che viveva "con sollievo" il passaggio a quella entertainment: non essendo un esperto di danza, riteneva che il nuovo ruolo fosse a lui più consono, perché gli consentiva di rimanere nell'amato mondo del Premio senza paura di fare commenti o pronunciare giudizi tecnici errati dal punto di vista dell'ortodossia coreutica. Brillante giornalista ed esperto del mondo dell'arte, Paolo è stato troppo modesto. Ma tant'è: questo è lo stile di MAB.

Gianluca Impastato, invece, in qualche modo fu mio figlio a portarlo a MAB. Ai tempi ragazzino, Giovanni non perdeva uno sketch di Mariello Prapapappo, lo strampalato uomo dei misteri interpretato da Gianluca che lo faceva morire dal ridere. Una sera, davanti alla tv, Giovanni mi disse: "Mamma, per favore, chiama Mariello per la tua nuova giuria!". Detto fatto.

In qualità di organizzatrice di eventi, avevo conosciuto un caro amico di Gianluca a Sestriere tramite Riccardo Nardi, responsabile della direzione artistica che si occupa di animazione per *hôtellerie* di lusso, e mi sembrò proprio la persona giusta. Anche Silvio Beretta diede subito la sua approvazione, e così accogliemmo il suggerimento artistico di Giovanni. Di una comicità esplosiva e incontenibile, Gianluca nel privato è una persona serissima e meticolosissima. Per il suo primo gala come giurato, mi chiese di incontraci un'ora prima per poter essere preparato all'evento nei minimi dettagli. Mi presentai allora un po' trafelata nel foyer del Teatro Manzoni e prendemmo insieme un aperitivo per fare un breve punto della situazione. Per la cronaca: io ero già vestita come una principessa, ma lui non era da meno, elegantemente ingessato in un impeccabile abito nero. Mi venne spontanea l'esclamazione: "Caspita, che cambiamento! Ti ricordavo vestito da esploratore Mariello...". Mariello, però, quella sera era rimasto a casa: nel rispetto dei ragazzi, Gianluca era solenne nei giudizi, ben attento a non farsi sfuggire una battuta di troppo.

Seduto accanto a me (che della giuria entertainment sono orgogliosa moderatrice) c'era Rudy, un detonatore di domande, interventi mirati, commenti acuti e tanta semplicità. Per tutta la sera, Rudy si complimentò con me per lo spettacolo a cui stava assistendo. "Ti rendi conto, Gisella? Questa iniziativa per i ragazzi è fantastica! Brava, brava, brava". Riuscì a imbarazzarmi. "Il merito non è mio, Rudy, ma di tutta la collaudata squadra di MAB". Squadra che, ancora una volta, aveva fatto centro: quando la giuria tecnica e la giuria entertainment si trovarono nel retropalco per decidere, i loro giudizi erano in quasi perfetto accordo, a riprova di ciò che il Maestro Fascilla (che mi strizzò un occhiolino d'intesa) aveva sempre sostenuto sulla universalità della danza come propagatrice di bellezza e arte.

Dopo l'edizione del 2016, non ebbi il tempo di scrivere a Rudy Zerby un messaggio di ringraziamento, che lui mi anticipò. Mi svegliai e lessi le sue parole sul cellulare: estasiato da MAB, si complimentava ancora e mi chiedeva di tenerlo aggiornato sul prosieguo del Premio.

*Il Ballet Beyond Borders è orgoglioso
di collaborare con MAB per scoprire
e coltivare talenti straordinari
e offrire nuove opportunità
a questi futuri protagonisti
del mondo che tutti condividiamo.*

Charlene Carey

Cosa che puntualmente feci.

Breve premessa: al fine di una formazione a tutto tondo degli allievi ballerini, le Residenze Artistiche prevedono, oltre alle materie pratiche, materie teoriche come musicologia, anatomia, storia del teatro... capisaldi culturali e didattici per chi intende fare sul serio con la danza. Andando oltre, è a mio avviso basilare, per un ballerino, conoscere anche negli aspetti concreti il mondo in cui vorrà lavorare. Come funzionano gli eventi? Quali sono le figure professionali che si muovono nel settore? Cosa fa e perché è tanto importante, per esempio, un *booking manager*? A queste e a tante altre domande i ragazzi delle Residenze Artistiche trovano risposte durante gli incontri organizzati per loro da MAB con operatori e manager del mondo coreutico e dello spettacolo. Tra le personalità da interpellare per le Residenze Artistiche del 2017, pensai subito a Rudy Zerbi. Conoscere dalla sua viva voce i passaggi chiave della sua carriera nello show business sarebbe stato esaltante oltre che utile per i nostri allievi. Lo contattai quindi a gennaio per una lezione. "Sarei onorato di incontrare i ragazzi," rispose subito entusiasta "ma ho un problema". Ero abituata ad avere a che fare con star e personalità dello spettacolo, sempre richiestissime e con l'agenda piena di impegni, per cui ero pronta a rimandare. Invece Rudy continuò: "Non posso assolutamente mancare alla partita di mio figlio. Però, se mi mandi un'auto al campo da calcio, faccio accompagnare a casa Edoardo e io arrivo in tempo per la lezione". In un lampo organizzai la non complicata logistica. Rudy saltò in macchina (e quel giorno saltò anche il pranzo), trangugiò una bottiglietta d'acqua e si presentò ai ragazzi delle Residenze, che ancora ricordano l'incontro con lui come uno dei più illuminanti cui abbiano assistito.

Quando lo accompagnai all'uscita del relais di lusso che ci aveva ospitati – il cui direttore Vito Massimo Casalino, appassionato di danza, è stato promotore e sponsor di tanti eventi e iniziative di MAB –, mi premurai del suo cachet, di cui non avevamo minimamente parlato. Rudy mi guardò negli occhi, sorrise: "Vorrà dire che mangeremo una pizza insieme o torneremo in questo bellissimo posto a cena con il Maestro Fascilla". Insistetti, anche a nome della famiglia, ma fu inutile. Si avviò verso la macchina, poi d'im-

Ho visto la passione e il talento
danzare insieme con grande amore.
Questo è il vero ossigeno della vita.
Un abbraccio a tutti i ragazzi che ho
avuto modo di conoscere.

Cristina Chiabotto

Il mio ruolo è prendere per mano
ogni singolo allievo, accompagnarlo,
guidarlo. Respirare la magia dell'arte
è una grande fortuna.

Stéphane Fournial

Sono molto legato alla danza.
Grazie a lei sono riuscito a uscire
con le ragazze più belle dell'università.

Gianluca Impastato

MAB è come una scatola magica:
custodisce talento e sogni e, quando
la si apre, tutto si trasforma
in pura bellezza.

Paolo Ruffini

Nicoletta Manni
e Timofej Andrijashenko.

L'arte della danza è come un grande albero, oggi pieno di rami e foglie, perché ci sono tanti modi per danzare. Buona fortuna!

Oriella Dorella

provviso si voltò e, serio, mi disse: "Ho un'idea, e di questa sì che dobbiamo parlare. Oggi questi ragazzi mi hanno regalato due ore di arricchimento e passione. Chi partecipa a MAB fa vivere un sogno. Tutti dovrebbero saperlo. Mentre chi, come me, lavora nello spettacolo dovrebbe avere il dovere morale di far sì che questi sogni si realizzino sempre. Per favore, trasforma il mio cachet in una borsa di studio".

Fu una svolta nella storia di MAB. Rudy Zerbi diede il via a una consuetudine che fu poi subito accolta ed estesa alla giuria tecnica, alla giuria entertainment e a tutti i docenti delle Residenze Artistiche, i cui compensi (sempre erogati da MAB) da allora vengono devoluti a favore dei ragazzi sotto forma di borse di studio a copertura totale delle spese di studio, vitto e alloggio della durata di un anno alle Residenze Artistiche. Tanto forti sono la motivazione e il senso di responsabilità in questi figliocci artistici che, scelti in base al talento e alle condizioni economiche segnalate dalle rispettive scuole, quanto precisi sono i doveri che essi hanno nei confronti dei loro padrini e madrine: agli allievi si chiede serietà, impegno, puntualità e costanza alle lezioni, progressi nello studio monitorati nell'arco dell'anno.

Prima di formare gli "abbinamenti" tra i padrini e le madrine artistici e i loro figliocci (ufficialmente pubblicati sul sito di MAB con nomi, cognomi e classe di appartenenza), ai giurati e ai docenti viene chiesto se abbiano un allievo o un'allieva meritevoli da segnalare. Quel primo anno, dunque, consultammo anche Rudy, che ebbe una sola richiesta: "Se possibile, mi piacerebbe una bimba della classe Vivaio che abbia tanta voglia di studiare". Caso, destino, coincidenza volle che ci venisse segnalata una piccola ballerina di Venezia che, con i suoi occhioni verdi aperti al mondo e la sua chioma castano-ramata, assomigliava in modo incredibile a Rudy. "Avete trovato la figlia femmina che non ho mai avuto!" fu il suo felice commento.

Come Rudy, non c'è membro della giuria entertainment che non sia stato più che entusiasta del ruolo ricoperto. Ricordo come fosse oggi le parole che Paolo Ruffini mi rivolse dopo aver assistito a un'edizione di MAB, straordinaria per l'altissimo livello tecnico dei concorrenti. Reduce dal successo dello spettacolo Up&Down, Paolo mi si avvicinò e, nel suo brioso accento toscano, commentò: "Gisella, io non capisco nulla di danza classica, ma stasera mi viene da buttarmi a terra e urlare per la bellezza".

I ragazzi di MAB sono riusciti a conquistare persino un perfezionista come Enzo Miccio, giurato entertainment nell'edizione del 2017. Quando lo contattai, accettò subito di partecipare e questo sul momento non mi fece stare molto tranquilla. La mia preoccupazione non riguardava certo lo stile degli abiti da sogno della serata, curati e affidati al gusto della stilista Enrica Bonifaccio ed esaltati dai make-up e dalle acconciature di Raffaele Pesce e Michele Di Giovanni (ogni anno quest'ultimo vola da Londra al Teatro Manzoni per l'occasione), quanto il fatto che Enzo volesse incontrarmi prima del gala al Manzoni per conoscere i dettagli dell'evento. Panico. Come mi sarei vestita? Con Manuela Febbo, giornalista Mediaset e membro della giuria entertainment che affrontò con me la temuta "prova eleganza", ci eravamo consultate sull'abbigliamento per tutta la mattina prima dell'incontro. Giunte a teatro, entrambe poco convinte della *mise* scelta, ci facemmo coraggio e accogliemmo Enzo che, in completo a scacchi, papillon e scarpe di perfetta fattura inglese, scese con nonchalance dallo scooter dando un'occhiata sfuggente ma esperta ai nostri look. La riunione fu proficua: raccontammo l'evento a un professionista meticoloso, pronto ad ascoltare e a dire la sua, attento ai particolari. Sarebbe stato un giurato perfetto, che avrebbe focalizzato la sua attenzione anche sui costumi di scena. E noi? Avevamo superato indenni il suo giudizio di stile? Quando ci congedammo,

La danza, che Premio MAB ha sempre sostenuto, è ragione di vita. Sono fortunato ad essere stato scelto da Tersicore per vivere una favola a occhi aperti.

Giuseppe Picone

non riuscii a trattenermi e glielo domandai. "Sì, look approvato!" ci disse. Prova eleganza superata.

Quante star dello spettacolo e della vita, quanti volti noti e comuni, quante vicende umane e artistiche hanno scritto e continuano a scrivere la storia di MAB. Una storia *in fieri*, nata con e per la passione della danza della signora Maria Antonietta Berlusconi, che ai giovani e alla loro formazione umana e artistica ha dedicato la vita.

Ho avuto l'onore di conoscere la signora Etta e in quei pochi momenti in cui i suoi occhi buoni e determinati hanno incontrato i miei ho capito che la mia vita, professionale e personale, sarebbe cambiata per sempre. Sono grata e felice di aver dato e di continuare a dare il mio contributo al successo di questa grande, possibile visione.

Parlino ora le storie dei ragazzi. Loro è il palcoscenico. Loro i sogni realizzati da MAB.

Storie di

MAB

SIMONETTA
VACCARA

L'AMORE

Una scuola di ballo fondata e intesa come una prestigiosa sartoria; allievi ballerini a cui la danza è cucita addosso come un tessuto prezioso, scelto e tagliato dal più creativo dei fashion designer; coreografie "ricamate" come in un atelier. Quando, nel 2010, Simonetta Vaccara si presenta per la prima edizione di MAB in qualità di accompagnatrice di ballerini solisti e come candidata coreografa, il suo parlare schietto, enfatico, diretto e le sue (puntualissime) metafore legate al mondo della moda e delle sfilate lasciano interdetto l'intero staff di MAB. A tutti (direzione, assistenti, selezionatori) i paragoni di questa bellissima ed eccentrica signora siciliana sembrano un po' "pindarici".

La personalità e la grinta di Simonetta sono però impossibili da ignorare. I colori mediterranei, il portamento elegante, il piglio trinacrio e la spinta emotiva dei suoi gesti e delle sue parole catalizzano l'attenzione e sono rivelatori di una determinazione fortissima e di un estro artistico fuori dagli schemi. Estro che, nella serata di gala di quell'indimenticabile 3 giugno 2010, raggiunge la sua più alta espressione. Per l'occasione, Simonetta presenta due coreografie e, con *Moscacieca*, diventa la prima vincitrice della categoria del Premio MAB. A colpire la giuria è soprattutto la rappresentazione, attraverso una danza fluida e allo stesso tempo molto tecnica che lascia tutti a bocca aperta considerata anche la giovanissima età dei ballerini, dell'allegria e della spensieratezza dell'infanzia. La *Moscacieca* messa in scena dalla scuola di Simonetta è davvero un gioco di e da bambini, una favola che proietta il pubblico e i giudici in una dimensione di incanto e magia. Impressiona la capacità interpretativa degli allievi, dai cui movimenti leggiadri non traspare mai tensione ma solo la gioia pura di ballare.

Il premio vinto da Simonetta è molto cospicuo, di quelli che possono fare la differenza per una scuola di danza e per una qualsiasi altra realtà legata al mondo di questa meravigliosa ma spesso non abbastanza riconosciuta disciplina.

La signora Vaccara, elegantissima e perfettamente a suo agio nel *dress code* di gala della serata, è al settimo cielo. "Un sogno che si realizza" dice con quella determinazione negli occhi che le è propria. Poi, a sipario chiuso, svela l'arcano. Il sogno ora realizzabile non è il suo, ma della figlia Greta, il grande amore della sua vita che da sempre coltiva la passione per la moda: Greta vorrebbe studiare alla prestigiosa Parsons School di New York e diventare stilista.

Ecco allora spiegato perché tessuti, panneggi, revers e altre abilità sartoriali facciano parte in modo così preponderante del linguaggio artistico di Simonetta. L'iscrizione al concorso aveva avuto uno scopo ben preciso che solo in parte riguardava ArteDanzaPadova ASD, la scuola fondata dalla signora Vaccara a Padova e da lei diretta con rigorosa impostazione accademica, un'eleganza estrema e minuziosa (ogni allievo è dotato di divisa per le lezioni e per il "fuori lezioni", mentre per le occasioni importanti le ballerine hanno un vestito da sera dedicato) e una felice combinazione di ferrea disciplina e materna comprensione che la rendono una maestra autorevole (temuta, talvolta) ma sempre amatissima dai suoi allievi.

Ignara di tutto, stupita e grata a MAB, pochi mesi dopo la serata di gala Greta prende un volo per la Grande Mela e inizia a frequentare la Parsons School. La ragazza ha (letteralmente) "stoffa" e talento da vendere. Completati gli studi alla Parsons, diventa stilista, e a New York trova la sua strada professionale oltre che l'amore.

Un ballerino diventa un grande artista se quando balla ti offre il suo cuore sul palmo della mano.

Luciano Cannito

Ma la storia, già bellissima, non finisce qui. Anzi, in un certo senso, da qui inizia, seguendo un circolo virtuoso in cui la crescita e la formazione nell'arte non si arrestano, ma alimentano (e ritornano in) altre forme di creatività. L'antefatto sta in un dietro le quinte del 3 giugno 2010, quando la signora Vaccara promette, circondata dai suoi allievi galvanizzati per la vittoria, che il premio ricevuto sarebbe in qualche modo tornato nella danza. Cosa che, puntualmente, accade.

Edizione 2014 di MAB: ArteDanzaPadova ASD è di nuovo sul palcoscenico del Teatro Manzoni per la finale e si presenta con una coreografia straordinariamente elegante in cui i ballerini vestono abiti di scena che sembrano seguire le linee dei corpi ed essere tutt'uno con i loro movimenti. Il nero dominante, i tessuti che "panneggiano" come opere d'arte vestono non solo i ballerini ma anche il teatro di bellezza e, ancora, portano Simonetta e la sua scuola sul podio di MAB.

Il sipario si chiude e un altro arcano viene svelato. La signora Vaccara chiama a sé la figlia e, con orgoglio di mamma e la fierezza di chi sa tener fede alla parola data, comunica che è Greta la stilista che ha disegnato i costumi di *Escape*, la coreografia vincitrice. La promessa è stata mantenuta; il circolo si chiude per aprirne di nuovi; altre storie si intrecciano per grandi emozioni.

Simonetta e Greta torneranno insieme a MAB in occasione dell'edizione speciale per i dieci anni del Premio. La figlia ridisegnerà i costumi per la coreografia della mamma, in un'unione di intenti e passioni per l'arte che rende unico e solidissimo il loro legame e che rappresenta appieno i valori di generosità sui quali MAB è stato fondato.

Maria Antonietta e Sabrina, mamma e figlia, ne sarebbero tanto orgogliose.

IGAL
PERRY

LA FORZA

Marzo 2020. Il mondo si risveglia in pandemia. Il periodo è difficile, incerto per tutti. Per i giovani in particolare. Bruscamente rallentati, interrotti nei loro sogni, cristallizzati in un tempo senza tempo fatto di un'inedita inattività. Per i ragazzi di MAB, però, il tunnel non è buio, bensì illuminato dalle luci di dieci grandi star della danza internazionale, che per loro e con loro avvieranno da maggio uno straordinario percorso di dieci settimane di lezioni e incontri online. Straordinario per l'altissima levatura degli insegnanti; straordinario perché, in una situazione così fuori dagli schemi, mondi, condizioni e contesti geograficamente lontani hanno potuto incontrarsi, intrecciarsi. E arricchirsi vicendevolmente di emozioni.

Nel firmamento del corpo docenti di MAB c'è Igal Perry, una delle personalità artistiche più influenti della danza mondiale. Ballerino, coreografo, direttore del prestigioso centro di formazione newyorkese Peridance (il nome non è casuale: è composto dal prefisso di origine greca *perí* e dalla parola inglese *dance*, ovvero "tutto intorno alla danza"), proprio nel 2020 viene nominato direttore artistico onorario di MAB, e proprio agli allievi di

È stata un'esperienza fantastica lavorare con MAB e supportare la sua missione negli ultimi anni.

Yarden Ronen-van Heerden

MAB decide di raccontare la sua storia. Umile, come solo una vera star sa essere, Igal non parla della sua carriera, ma della sua *vita* per e nella danza, una strada impervia, con molte curve e salite, qualche rettilineo e poche discese, una strada che, non smette mai di ripetere ai giovani allievi, vale sempre la pena percorrere, a dispetto delle fatiche e degli ostacoli che la costellano. Incollati ai loro video, in camera, in salotto, in corridoio, in cucina, i ragazzi seguono il racconto e la strada di Igal traendone motivo di speranza, nuove prospettive e tanto coraggio.

Sono gli anni Sessanta e Tel Aviv non è la città più adatta per un ragazzino che vuole studiare danza. Il balletto è apprezzato e seguito dal pubblico, ma non è considerato un'attività da praticare, soprattutto per i maschi. Fin dalla nascita, ogni ragazzo israeliano (come ogni ragazza, d'altronde, anche se per periodi più brevi) sa che finita la scuola dovrà destinare tre anni della sua vita al servizio militare. Ma passi di danza e passi marziali si possono conciliare? Se si ha una famiglia affettuosa e lungimirante alle spalle, una mamma che supporta e condivide anche le decisioni più difficili e un sogno da realizzare a tutti i costi... sì, i due mondi possono convivere.

Igal arriva sotto le armi già un po' "corazzato" dal punto di vista del ballo. Affascinato fin da piccolo dalla coreutica, ha trovato presto la via (prima curva superata della lunga strada) per mettere, letteralmente, un piede nella danza. E pensare che da bambino non si sentiva adatto a danzare e riteneva il suo corpo inappropriato per qualsiasi tipo di ballo. Scoprirà negli anni, ricorda ai ragazzi di MAB, che la forma e le linee del corpo non sono gli unici elementi indispensabili per ballare; lo sono piuttosto il modo in cui si impara a muoverlo, il proprio corpo, e ciò che attraverso di esso, danzando, si riesce a *esprimere*.

È alle medie quando decide di entrare nella compagnia locale di danza folcloristica israeliana, che si esibisce prevalentemente per i turisti in alberghi e altri centri per vacanze della città. La compagnia balla sui ritmi semplici e allegri della multiforme danza popolare, un amalgama di influenze che rispecchia la composita compagine sociale di Israele, accogliendo stili e movimenti diversi: dalla polka e dalla hora al sirtaki, dalla dabka mediorientale al jazz americano. Non è propriamente ciò che Igal ha in mente, ma la danza folcloristica è una prima, formativa esperienza, che gli insegna a stare su un palcoscenico e a muovere il corpo a qualsiasi tempo.

Terminare le scuole superiori un anno prima dei suoi coetanei è per lui una fortuna. Ancora troppo giovane (16 anni) per il servizio militare, il ragazzo si prende un anno "non-sabbatico" e con Karmon, la compagnia di danza folcloristica di Israele, viaggia prima negli Stati Uniti, poi in Sudafrica. È Ruth, una compagna di danza durante il tour, a porgli la più semplice delle domande: "Perché balli solo la danza popolare? Perché non ti dedichi al balletto e alla danza moderna?". Ed è sempre Ruth a offrirgli una stanza per permettergli di seguire le lezioni alla Bat-Dor Company nel centro di Tel Aviv, una delle più rinomate scuole e compagnie di danza israeliane tra la fine degli anni Sessanta e gli inizi del Duemila. Qualche tempo prima Igal era stato respinto dalla Bat-Dor, ma ora, rivedendolo ballare, la direttrice lo riconosce e, complice la mancanza di danzatori maschi, lo vuole nella compagnia. Si inizia a fare sul serio. Con una borsa di studio in tasca, l'ormai ex ballerino di danza folcloristica mostra tutto il suo talento e la sua determinazione, che di lì a breve lo porteranno a lavorare con grandi insegnanti e coreografi.

E il servizio militare? Igal ora ha l'età, viene richiamato. Gli si para davanti il primo grande ostacolo sulla strada. Che fare? Anche in questo caso trova il modo per superare l'ostacolo. La Bat-Dor ha una certa influenza nel governo e si giunge a una soluzione difficile, faticosa ma realizzabile: Igal può esercitarsi con le armi di giorno e con le scarpette da ballo la sera. Diventa *dancer with the army boots*, il ballerino con gli anfibi militari, come

lo chiamano i commilitoni e i colleghi della Bat-Dor Company, costretti anch'essi a rimanere in sala fino a tardi... Ciò nonostante, pur di far ballare questo talento, tutti (danzatori e soldati) sono pronti a qualche sacrificio.

Igal da parte sua di sacrifici ne fa molti. L'esercito gli concede licenze speciali per le tournée all'estero, licenze che il ballerino-soldato è tenuto a compensare al rientro con giorni di servizio militare aggiuntivi. Arriva per la prima volta in Italia, al Teatro Valle di Roma, e sarà la prima di una lunga serie. Si innamora del Bel Paese e, divenuto ormai professionista affermato nel mondo, avrà modo di esibire il suo talento di ballerino, coreografo – e, come vedremo, persino di direttore d'opera – sui palcoscenici più prestigiosi: la Scala di Milano, il Comunale e il Maggio Musicale di Firenze, il Regio di Torino...

La vita militare, inutile dirlo, non fa per Igal. Al termine dei tre anni, si butta nella danza e solo nella danza. A Rotterdam, nella piccola compagnia Rotterdams Danscentrum, farà il suo esordio come insegnante (preparando la prima lezione di danza classica per un giorno e una notte interi) e come ripetitore. Di nuovo a Tel Aviv, di nuovo alla Bat-Dor, di nuovo come ballerino oltre che nella nuova veste di insegnante e ripetitore.

Giovanissimo, dotato di una formazione non tradizionale ma acquisita sul campo strada (a curve) facendo, Igal sente che è il momento di affacciarsi al mondo. Per la sua arte e la sua passione Israele è ormai un contesto limitante e limitato. L'occasione per uscire dal paese ha un nome e un cognome: John Butler, il celebre coreografo americano di cui il mondo della danza mondiale ha vivo il ricordo e la grandezza (ebbe intense collaborazioni, tra le altre, con le divine Martha Graham e Carla Fracci). Conosciuto Igal alla Bat-Dor, Butler lo vuole come assistente, ne intuisce subito le potenzialità e lo aiuta a compiere il passo più impegnativo e importante del suo percorso: il trasferimento a New York.

Trovarsi catapultato in una delle più ambite capitali mondiali della danza gli dà un brivido. La paura corre lungo la schiena, ma è anche da stimolo a cogliere tutte le opportunità che la Grande Mela può offrire a un giovane talento con ventisei anni di età e tredici di danza nei piedi e nell'anima. Igal

È incredibile come la musica possa entrare nell'animo di alcune persone al punto da spingerle a ballare, come se tutto fosse così naturale e al tempo stesso estremamente emozionante.

Manuela Febbo

Ringrazio la danza che mi ha resa una donna disciplinata, forte e piena di valori...

Patrizia Pellegrino

muove i primi passi a New York nell'allora neonata compagnia Dancers, al cui direttore, Dennis Wayne, basta una breve audizione per decidere di assumerlo come insegnante di danza classica e ormai esperto ripetitore.

Nel frattempo il ballerino di Tel Aviv mette le ali e, continuando a lavorare con John Butler, ha modo di cogliere occasioni che hanno dell'incredibile. Una di queste si presenta nel 1978 alla Lyric Opera di Chicago, quando Igal in soli dieci giorni riesce a trasformarsi in... direttore d'opera. Accade che, a meno di due settimane dalla prima rappresentazione di *Paradise Lost* di Krzysztof Penderecki, il direttore designato venga licenziato, che John Butler proponga al teatro il "direttore" Igal Perry e che questi non si tiri indietro, anzi accetti il ruolo senza alcuna esitazione ma a una sola, imprescindibile condizione: poter *ascoltare* la registrazione di tutta l'opera e non leggerne la partitura. Detto fatto. Musicisti e cantanti si mettono subito (e letteralmente) all'opera incidendo integralmente i due atti di *Paradise Lost*. Tocca a Igal, adesso. Nei successivi dieci giorni, e soprattutto durante le notti (tutte insonni), il futuro direttore ascolta senza sosta la registrazione per prepararsi al meglio al debutto. L'opera, rappresentata una sera d'inverno in una Chicago sferzata dalla morsa del gelo, è un successo di pubblico e critica. Lo stesso con cui verrà accolta al Teatro alla Scala l'anno successivo. È il 1979. Igal calca il palcoscenico scaligero nei panni non suoi di direttore di un'opera. L'apprezzamento è unanime e lo sarà tutte le volte che, in qualità di coreografo, approderà nel tempio della lirica milanese.

Pochi anni dopo, nel 1983, nasce a New York Peridance, un modello di scuola assolutamente innovativo ai tempi, anche per la capitale della danza d'oltreoceano. La novità apportata da Igal sta soprattutto nel proporre in un unico contesto stili e generi diversi. Un rischio, un azzardo forse per i puristi del settore, che Igal si sente di prendere perché ha fiducia nelle proprie capacità e intuizioni e perché può contare, ancora una volta, sull'appoggio incondizionato della famiglia. Papà e mamma, all'epoca pensionati, fanno i bagagli e si trasferiscono dalla costa mediterranea di Tel Aviv alla East Coast americana. La mamma si mette in ufficio e si occupa dell'amministrazione (è stata la prima *business head* di Peridance); il papà si occupa del bar e prepara gustosissimi sandwich. Così strutturata, Peridance è pronta a partire.

La prima lezione conta ben due (due!) allievi. Ma la bravura, la serietà e il talento sono presto premiati. Peridance non parte, decolla. È scuola e compagnia, e negli anni diventa tutto ciò che gli appassionati di danza e non solo conoscono: una realtà umana e professionale unica "tutta intorno alla danza"; una fucina di talenti che porta nei palcoscenici di tutto il mondo entusiasmo ed emozioni; una sede accogliente e prestigiosa, oggi a pochi passi dalla centralissima Union Square; un'idea lungimirante che vuole frangere i pregiudizi (a partire da quello, atavico, di genere: chi ha detto che il balletto non è per i maschi?) e farsi portavoce di una nuova, più sensibile filosofia di pensiero per la quale la danza non è un'arte minore, non è puro divertimento né intrattenimento commerciale, ma una delle manifestazioni artistiche più complete ed emozionanti con cui uomini e donne, bambini e bambine possono esprimersi con disciplina e libertà mostrando la parte più bella di sé.

ROBERTO FASCILLA

LA DETERMINAZIONE

"Alla Scala ho trovato la mia fortuna". Gisella Zilembo ricorda di aver sentito Roberto Fascilla pronunciare per la prima volta questa frase osservando una fotografia in bianco e nero un po' sbiadita, quasi "d'epoca", in cui un bimbo, impettito nel suo pagliaccetto, accenna un timido sorriso. Il paffuto bambino ritratto era proprio il futuro Maestrissimo di Premio MAB, che Gisella e tutti conoscevano, con la sua corporatura robusta e l'andatura solenne. La foto risaliva alla fine degli anni Trenta, quando ancora al piccolo non era stata diagnosticata quella forma di rachitismo che pochi anni dopo convinse i preoccupati genitori Fascilla a iscrivere il figlio tanto magrolino all'Accademia di Danza del teatro scaligero. "La ginnastica" avevano consigliato i medici "servirà a irrobustirlo e a renderlo più elastico". Per il papà, che nella Milano della ricostruzione lavorava allo storico Biffi Scala, l'elegante caffè ristorante sotto i portici del teatro, accompagnare il figlio alle lezioni non era stato un problema.

Così, ad appena otto anni di età, Roberto Fascilla diventa allievo della scuola del tempio meneghino dell'opera e della danza. Da quel momento, il bambino si rinforza, spicca il volo e alla Scala inizia a collezionare primati:

primo allievo maschio nel 1947, primo ballerino nel 1963, primo ballerino étoile maschio dal 1969 al 1982. Partner nei debutti delle più grandi signore della danza (nel suo primo *Don Chisciotte* l'"allieva" Carla Fracci, già divina all'ottavo anno di corso, fu accompagnata da un altrettanto già divino Roberto Fascilla, giovanissimo ballerino che con lei condividerà sogni, traguardi e un'amicizia lunga una vita), ha avuto al suo fianco sul palcoscenico stelle come Vera Colombo, Luciana Savignano, Elettra Morini, Liliana Cosi, Anna Razzi...

La carriera, certamente. La forza e la salute fisica, fondamentali. Ma oltre a queste, la fortuna a cui più di tutte alludeva il Maestro Fascilla, quando, con gratitudine, ritornava ai suoi primi anni della Scala, era l'amore per Ivonne, la bambina dagli occhi celesti che aveva iniziato con lui il corso in Accademia e che alla sua vita darà senso e direzione.

Con gli occhi umidi ma ancora pieni di luce, Ivonne Fascilla ricorda oggi i tempi del loro incontro e della loro strada insieme: i pomeriggi passati in sala danza da piccoli, lo sbocciare del sentimento appena adolescenti, il passo di addio accademico eseguito insieme, la promessa eterna, la nascita dell'amato figlio Fabio. Una storia bellissima, che nasce in una Milano d'altri tempi e attraversa più di settant'anni di una vita piena di gioie, amore e *danza*.

Dotato di una personalità e professionalità poliedrica, Roberto Fascilla diventa presto anche un richiestissimo e quotato coreografo, mentre il passo alla direzione dei corpi di ballo dei più prestigiosi teatri italiani è breve ed elegante: tre anni come direttore del ballo del Comunale di Bologna, sette come direttore del ballo dell'Arena di Verona, altrettanti come direttore artistico del San Carlo di Napoli. Poi, coreografie in Belgio, Francia, Germania, Turchia, Spagna... Quasi impossibile ripercorrere le tappe, i successi, i momenti della lunghissima carriera del Maestro. Possibile, invece, attraverso le parole di chi lo ha amato e ha avuto l'onore di conoscerlo e di lavorare al suo fianco, coglierne la grandezza, i valori e le doti umane e professionali che, senza riserve e con la generosità e la schiettezza che lo caratterizzavano, il Maestro dal 2010 decise di mettere al servizio del sogno e dei sogni di MAB.

Il Maestro Fascilla con Patrizia Manieri (sopra) e Beppe Menegatti (sotto).

“La danza era la sua passione. Per la danza ha vissuto, senza mai fermarsi”. Così Fabio Fascilla descrive il suo famoso papà, che più volte ha potuto “vedere in azione” alla Scala, quando, bambino e ragazzino, giocava nei meandri del teatro insieme ai figli degli altri ballerini e artisti (“fino alle scuole medie, la Scala è stata la mia seconda casa” ricorda Fabio).

Instancabile perfezionista, innovatore e visionario, il Maestro era amato e stimato da tutti perché con tutti aveva lo stesso modo schietto e onesto di rapportarsi e trattare. Aveva la dote di “camminare con i re rimanendo sé stesso” direbbe Rudyard Kipling. Giovani, allievi, tecnici di teatro, stelle della danza e personalità dello spettacolo: non c’era persona o situazione con cui e in cui il Maestro non fosse a proprio agio, con quel suo essere professionale e allo stesso tempo alla mano che lo distingueva anche negli ambienti patinati che, con il progredire della carriera, gli capitava di frequentare sempre più spesso. Pronto al confronto costruttivo, rimaneva comunque fedele a sé stesso, intellettualmente onesto, senza mai approfittare della sua posizione o creare distanze. Davanti agli occhi, un’unica visione: crescere e far crescere, nella danza come nella vita.

Si stava preparando al San Carlo di Napoli la *Cenerentola* con Rudolf Nureyev? Sul palco il direttore artistico non aveva remore, e con il dio russo della danza discuteva anche animatamente. Poi, a sessione prove terminata, i due si ritrovavano a cena con un bicchiere di buon vino tra le mani e non poche risate (Nureyev, di proposito, per celia sbagliava a pronunciare il cognome del Maestro e lo chiamava “Fascista”).

Affabile, Roberto Fascilla aveva forte il senso e il piacere della convivialità, che proprio alla Scala aveva imparato a coltivare in anni in cui, ricordano la signora Ivonne e Fabio, il teatro scaligero era come una grande famiglia, e le stelle della danza, che allora iniziavano a portare la loro arte al di fuori dei confini nazionali, dopo tournée e spettacoli avevano il piacere di riunirsi, magari per trascorrere qualche giorno insieme nella casa di campagna dei Fascilla.

Fabio Fascilla torna con la memoria alla sua gioventù. “Quando ero ragazzo” ammette con un velo di malinconia “sentivo molto la mancanza di papà. Sapevo che la mamma e io eravamo la sua priorità, ma era spesso fuori casa, anche per periodi lunghi, e avrei voluto passare più tempo con lui, godere maggiormente di momenti padre-figlio". Da adulto, oltre ad avere "perdonato" quelle assenze, le ha profondamente capite: a differenza di molti altri papà, il suo non andava semplicemente "a lavorare", ma viveva ogni giorno la sua passione per la danza e per l'arte, con un impegno e una serietà viscerali e una proiezione al futuro che ai tempi aveva del pionierismo. Mai come negli anni Cinquanta e Sessanta la danza (e a maggior ragione l'ambiente scaligero) era un mondo al femminile, e fu anche grazie al Maestro che la figura del ballerino maschio acquisì la ribalta raggiungendo la prima importante "parità di genere", nella coreutica e non solo. I suoi passi e i suoi salti iniziarono ad apparire anche nel mondo televisivo, allora agli albori, e a entrare così nelle case di un numero sempre maggiore di spettatori: precorrendo i tempi, il Maestro danzò con le gemelle Kessler, fu coreografo di e per numerosi programmi, accompagnò, tra le altre, la grandissima Susanna Egri. Tutto era nuovo, inesplorato e Roberto Fascilla aprì molte strade. Gliene hanno dato merito tanti danzatori venuti dopo di lui e anche tanti giovani di MAB che avevano e hanno il sogno di dedicare la vita alla danza.

A proposito di MAB... Chi ha avuto l'onore di essere suo allievo, chi ha quotidianamente lavorato al suo fianco, chi semplicemente ha avuto la fortuna di incontrarlo sulla propria strada ha potuto vivere un'esperienza umana e artistica indimenticabile e altamente formativa. Nulla, d'altronde, avviene per caso. Il suo stile unico, la serietà professionale, la mentalità aperta e visionaria con cui ha attraversato la vita e la carriera erano stati ben còlti dalla signora Etta come doti preziose e indispensabili per trasmettere ai "suoi ragazzi" i valori della danza e accompagnarli nel fare della danza stessa il loro stile di vita.

Fedele alle promesse fatte a Maria Antonietta Berlusconi e al proprio credo professionale e umano, il Maestro Fascilla si è dedicato ai giovani di MAB con il cuore, l'anima, la ragione e il corpo (non si risparmiava mai e, a ottant'anni splendidamente portati, lo si vedeva uscire dalla sala danza madido di sudore e soddisfatto del lavoro svolto). Questo mito inarrivabile

Sopra: Roberto Fascilla a Your Dance Festival di Gisella Zilembo-Eventidanza e MAB. Nella pagina a fianco: una delle giurie tecniche del Premio MAB. Assieme al Maestro Fascilla, presenza costante fino alla sua scomparsa, si riconoscono Carla Fracci, Anna Maria Prina e Oriella Dorella.

della danza per dieci anni ha messo al centro del suo impegno i ballerini di MAB, sostenendo il loro talento. Da loro pretendeva serietà, disciplina, rispetto per sé stessi e per la danza; in cambio a loro dava fiducia, ascolto, seconde chance, margini di errore, consigli tecnici e di vita.

"Per essere trattati da professionisti bisogna essere professionisti; per essere trattati da persone serie bisogna essere persone serie" era solito ripetere durante le lezioni. Poi, fuori dalla sala danza, come con Nureyev, aveva sempre la battuta pronta, con il suo fare scherzoso e burlone strappava un sorriso a tutti, anche nelle occasioni istituzionali e nei momenti clou, come quando la spia della telecamera diventava rossa, le luci si accendevano e i microfoni amplificavano le voci.

Del Maestrissimo, salace interlocutore, sono passati alla storia del Premio proverbiali espressioni e modi di dire che (è un segreto da dietro le quinte) formano quello che in MAB è chiamato "Fascillario" e che rende l'idea del suo spirito arguto. Valga per tutti ciò che il Maestro senza preamboli disse a chi, scettico nei confronti di un innovativo palcoscenico flottante predisposto per la prima semifinale di MAB, criticò la scelta senza troppa voce in capitolo. "C'è qualcosa da dire? Forse che noi fino a ieri abbiamo fatto gli alpini?". Senza nulla togliere alle truppe scelte della montagna, il Maestro mise al proprio posto chi di dovere e continuò per la strada (in quel caso flottante) di MAB.

Roberto Fascilla ha lasciato la sua Ivonne, il figlio Fabio e tutta la famiglia di MAB il 23 gennaio 2019. Per nove anni è stato direttore artistico e guida del Premio Internazionale di Danza Classica Maria Antonietta Berlusconi per i Giovani e, ritenuto insostituibile, lo sarà per sempre. Per questo, ogni anno MAB sceglie, a rotazione, tra i grandi nomi della danza internazionale un direttore artistico onorario che possa idealmente affiancarlo.

La sua storia, il suo carisma, i suoi insegnamenti, la sua intelligente ironia continuano a essere un faro per chi lo ha conosciuto e per chi può godere del suo intenso ricordo.

Il Maestro Fascilla con la moglie Ivonne Ravelli.

Il talento è una dote innata che solo alcuni possiedono. Ma cos'è il talento senza l'intensa e continua volontà di coltivarlo e farlo sbocciare? Una magnifica occasione sprecata!

Paolo Bosisio

Il Maestro Fascilla alla serata finale
del gala del Premio MAB 2014.

CHRISTIAN STEFANELLI

VANS
OFF THE
WALL

IL CORAGGIO

Quando si muovono i primi passi (quelli della crescita, non di danza) nella sala della scuola di ballo dove la mamma Anna Maria insegna hip hop con la più grande delle passioni, quando nel biberon oltre ai biscotti si è mescolato il ritmo, quando si è cresciuti a pane e street dance, la danza la si ha nel sangue (e non è un modo di dire), orienta lo sviluppo, modella il carattere.

La storia d'amore tra il ballo e Christian Stefanelli viene da lontano ed è una storia di talento, impegno, sacrificio, discese e risalite. È una storia, ancora una volta per MAB, di mamme e di figli.

In un metro e (forse) cinquanta centimetri di altezza, Anna Maria (in arte Anastyle, il nome con cui oggi è conosciuta come un'eccellente insegnante di hip hop) per valori e determinazione ha la più alta delle stature. Sa cosa significhi crescere tra mille difficoltà coltivando il sogno della danza. L'ha provato lei stessa da piccola quando i suoi genitori si sono trovati ad affrontare la più grande delle sfide. Tutti in famiglia ricordano la disgraziata caduta del piccolo Antonio, il fratellino di Anna Maria, in seguito alla quale si ritroverà con l'udito pressoché interamente compromesso. Papà e mamma non si danno pace e, per curare il figlio, danno fondo a tutte le loro risorse. Gli altri membri della famiglia non si tirano indietro e fanno la loro parte: Anna Maria impara il linguaggio dei segni, abbondona l'amata scuola d'arte e si mette a lavorare nelle vigne pugliesi pur di pagarsi le lezioni di danza e aiutare i propri cari. Dopo tante cure, Antonio torna a sentire, ma la famiglia ormai versa in difficilissime condizioni economiche.

Lasciare il sole del Salento per trasferirsi nella Bergamasca non è un passo facile, ma per Anna Maria è l'unica via per riuscire ad aprire la sua scuola di danza e dimostrare così tutta la sua bravura e le sue incredibili capacità. Al Nord, le tate sono un lusso e la mancanza dei nonni si fa sentire: non c'è chi possa accudire Christian e la sorella Alexia mentre Anna Maria lavora, così i bambini, fin da piccolissimi, vivono la danza nel loro quotidiano. Christian, in particolare, rivela subito un'attitudine fuori dal comune. A soli sei anni è già un fenomeno della street dance, e partecipa a gare importanti della specialità lasciando giudici e spettatori stupefatti davanti al suo precoce talento. Non solo street, però. Il bambino ha una predisposizione naturale anche per le altre discipline, che con costanza e tenacia studia, prova e sperimenta senza sosta tutti i giorni non appena si leva lo zaino della scuola dalle spalle. Prima fra tutte la danza classica, i cui fondamenti di disciplina e controllo, mamma Anna Maria glielo ha spiegato tante volte, sono propedeutici e alla base di qualunque altra forma di ballo.

Proprio la danza classica, di cui Christian si innamora immediatamente, a poco a poco diventa per lui uno scoglio. I compagni iniziano a prenderlo in giro. Un maschio che si mette alla sbarra? Ridicolo! Un maschio che fa piroette come una femminuccia? Da non frequentare! Preconcetti duri a morire che a Christian fanno male, tanto. L'accettazione da parte del gruppo, a dieci anni ma non solo, è fondamentale. Per essere apprezzato, per cancellare l'immagine di sé come femminuccia con le scarpette da danza, il bambino si mette a giocare a calcio e, viste le innate doti atletiche, anche lo sport gli riesce benissimo. Per non esser più bullizzato, Christian sente di dover fare una scelta drastica: abbandonare la danza classica e continuare a giocare a pallone, attività che lo rende "accettabile" agli occhi dei coetanei,

nike

e a ballare la street, irrinunciabile passione per cui si sente naturalmente portato. Ma questa dolorosa decisione non basta a placare le prese in giro di chi si crede più furbo e "adatto" di lui. Il suo nome per esteso comprende quello del nonno: Christian Ciro Stefanelli, e quel *Ciro* diventa il nuovo motivo di derisione da parte dei compagni. Chi ha mai sentito, nei paesini della Bergamasca, un nome come quello? Chi mai, al Nord, chiamerebbe un bambino così?

È troppo. Christian ha tenuto duro, ha fatto il duro, ma ora, alle soglie dell'adolescenza, si sente fragile, si chiude in sé stesso e prende un'altra, fortissima, decisione: d'ora in avanti solo la crew con cui si esibisce e colleziona trofei sarà la sua classe, mentre lascerà i banchi di scuola dove gli sembra che non ci sia pace per lui. È il primo anno delle superiori. Inutili i tentativi di Anna Maria di convincerlo a proseguire gli studi. Proprio lei, a suo tempo costretta ad abbandonare la scuola per cause di forza maggiore.

Convinto di non essere tagliato per lo studio, la ferita ancora fresca nel cuore per aver detto addio alla danza classica, Christian si dedica anima e corpo alla "sua" danza. E senza alcun cedimento. Neppure quando, davanti al primo, travolgente amore da adolescente, l'adorata ragazzina, gelosa del tempo che dedica alla sala, lo mette davanti a un ultimatum: o lei o la danza. Pur innamoratissimo, Christian mette il cuore sulla bilancia, e il piatto pende inequivocabilmente per la danza, sua unica passione, suo sogno.

Nel 2018, mentre con la sua crew continua a collezionare trofei e risultati, grazie a un insegnante di hip hop il giovane talento della street arriva a un evento MAB, precisamente al camp invernale di Sestriere. Con i compagni della sua scuola di ballo si rende subito conto che qui si studiano e imparano *tutte* le discipline della danza, classica compresa, classica *in primis*. Christian quindi torna (anche) alla sbarra e questa volta, guardandosi intorno, vede e ascolta decine e decine di ragazzi e ragazze delle più disparate estrazioni sociali e culturali e provenienti da ogni angolo d'Italia. Tutti accomunati, senza pregiudizi, senza preconcetti, dalla passione per la danza in ogni sua forma. E tutti motivati dall'esempio del Maestro Fascilla che, serio e allo stesso tempo amorevole, li esorta all'impegno ma soprattutto trasmette a tutti il principio fondamentale per cui lo studio, così come la diversità delle discipline e delle persone, porta arricchimento, crescita e maturazione. La danza è *una* e va conosciuta e sperimentata in tutte le sue manifestazioni.

L'esperienza del camp apre e amplia gli orizzonti di Christian, tanto che, per l'impegno e le capacità dimostrate, viene selezionato per accedere alle Residenze Artistiche, ovvero i corsi di perfezionamento di MAB dove, senza alcuna remora ormai e con incrollabile assiduità, frequenta tutte le lezioni. Mai come in questo momento capisce quanto siano veri gli insegnamenti del Maestro Fascilla. Nel seguire i corsi teorici di storia e anatomia applicata alla danza, di antropologia teatrale, di storia dell'arte, in lui si riaccende l'interesse per la cultura, la conoscenza e il sapere. La decisione, di lì a breve, di iscriversi e concludere con successo la School of Excellence, la scuola di formazione manageriale dedicata ai direttori di centri di formazione coreutica nata in Italia in collaborazione con MAB, segna la svolta.

Oggi, a soli 18 anni, Christian è un giovanissimo insegnante di danza. Mai un moto di orgoglio, mai una vanteria. Fedele agli ammaestramenti di Anna Maria, che in tutto il suo percorso lo ha supportato e gli è stata accanto, Christian ha fatto dell'umiltà il suo credo. Con il carattere, la modestia, la determinazione e il talento che gli sono propri, il bambino che gattonava nella sala di danza della mamma è diventato un giovane uomo: l'educazione d'altri tempi, il rispetto e la gratitudine sono i valori irrinunciabili che stanno dietro alle sue scelte e al suo modo di vivere la danza, anche nei momenti più difficili della vita.

Nel 2020, durante i mesi più duri della pandemia, Christian non smette mai di studiare, è sempre presente alle lezioni online e, di nuovo emergente per la dedizione e l'impegno, vince una borsa di studio MAB per continuare a frequentare le Residenze Artistiche senza gravare economicamente sulla famiglia. Con le interruzioni delle attività imposte dall'emergenza sanitaria, la scuola di danza della mamma rischia di chiudere, i costi sono troppo alti ed è il momento di rimboccarsi le maniche e darsi da fare. Christian studia e aiuta il papà come operaio, Alexia fa altrettanto trovando lavoro ai mercati e dividendosi tra l'università e i banchi della frutta. Nessuno si tira in-

URBAN STREET

ART FOR ALL

dietro davanti ai sacrifici; come un tempo aveva fatto la mamma, la famiglia si coalizza ancora nella difficoltà e l'unione farà la forza. Anna Maria trova una nuova sede per la sua scuola, Christian continua a insegnare hip hop ai suoi piccolissimi allievi. È giovane, sì, ma ha tutte le carte in regola per essere un bravissimo maestro. La mamma lo aiuta a trovare la metodologia giusta attraverso un "addestramento militare" che il ragazzo apprende ed elabora in fretta, anche grazie alle competenze acquisite con la danza classica. I bambini lo adorano e lo seguono con un rigore quasi commovente. La baby-crew è talmente preparata e disciplinata da essere selezionata per lo *Schiaccianoci* trasmesso a Capodanno 2021 dalla televisione nazionale. Con una sicurezza da maestro esperto e rassicurante, per l'occasione Christian ha guidato i "suoi" bambini senza tentennamenti, responsabilizzandoli sul palcoscenico ma anche liberando i loro corpi e le loro menti a suon di *moves* e rotazioni break.

Christian resta umile e continua a studiare. Anche e ancora la danza classica, il suo amore difficile, lo scoglio superato. Grazie a MAB è stato uditore alle lezioni dell'inarrivabile Julio Bocca e allievo di Wendy Whelan, direttrice associata del New York City Ballet. Tra battle, workshop e contest, lo si sente allora ripetere spesso: "Se i miei compagni b-boy sapessero quanta fatica richiede la danza classica, ci penserebbero due volte prima di dire che è cosa da femminucce!".

Con il grande bagaglio professionale e umano acquisito, Christian è pronto per nuove sfide. L'ultima è stata un viaggio a Roma con mamma Anna Maria (in pullman naturalmente, onde gravare il meno possibile sulla famiglia) per sostenere il provino che potrebbe dare una svolta alla sua carriera. La coreografia presentata? La storia dello zio Antonio e di quel circolo virtuoso di affetti che permette di superare ogni tipo di difficoltà.

La danza come codice del vissuto. La passione nel biberon.

ALESSIO LA PADULA

L'AMICIZIA

Le mamme sono figure fondamentali nelle storie di MAB. Anche quando non si mostrano e (sembra) che rimangano in disparte. Amorevoli e stimolanti, pazienti e volitive, le "mamme di MAB" sono accomunate non solo dall'amore incondizionato per i figli, ma anche dall'entusiasmo che la passione per la danza accende nei loro ragazzi cambiandone talvolta l'esistenza. Ci sono casi poi, come quello di Alessio La Padula, in cui le mamme "in azione" sono due: quella vera e quella "artistica".

Alessio inizia a ballare a Eboli, in un ambiente che non è toccato nemmeno per la tangente dalla danza. Scarpette, sbarra, esercizi, *relevés* sono lontani anni luce (a maggior ragione per un maschietto) dal quotidiano microcosmo di provincia in cui il bambino nasce e cresce. Eppure, c'è qualcuno che crede che il ballo segnerà la sua vita e sarà la sua vita. Qualcuno che a Eboli ha fondato una scuola di danza facendone un punto di riferimento per tutti quei giovani appassionati che vogliono studiare e hanno desiderio di *imparare*. Qualcuno che accoglie i propri allievi come figli e che, proprio come ai figli, chiede impegno, serietà, dedizione in cambio di alternative e

nuove prospettive. Quel qualcuno è la maestra Antonietta Paraggio, minuta e dolce come una ragazzina ma con le idee chiare sul "potere" che la danza esercita sui ragazzi e sulle loro scelte di vita. Le sue granitiche certezze convincono anche Loredana, la mamma di Alessio, che, sfidando il non facile contesto sociale e culturale, incoraggia il figlio allo studio di una disciplina a lei ignota e ne "affida" l'educazione coreutica ad Antonietta.

Il fatto che la maestra sia materna non significa che non sia molto esigente. Richiede ad Alessio sempre più tempo, gli insegna tutte le discipline. Il bambino è un "radar", intercetta e segue Antonietta nei passi e nei ritmi, impara in fretta. A Passo di Danza diventa la sua seconda casa, se non la prima, essendo la mamma fuori per tante ore al giorno. Lezione dopo lezione, lo specchio di sala inizia a riflettere non solo i progressi nella danza del ragazzo, ma anche la sua urgente necessità di mostrare a tutti (a sé stesso, alla mamma, ad Antonietta e al mondo fuori Eboli) chi è e chi sta diventando Alessio La Padula.

Il lavoro ferreo e continuo dà presto i suoi frutti. Alessio accantona le sue fragilità, si veste della sua voglia di riscatto e, forte delle ore e ore di prove con Antonietta, approda a Genova e a Lione, dove si diploma al Conservatorio di Danza, quindi partecipa a un talent televisivo di successo, del cui corpo di ballo diventerà poi membro e volto noto. La corazza del duro di cui si arma gli serve per affrontare il mondo dello *showbiz*, ben diverso dall'ambiente protetto della scuola di danza in cui era abituato a muoversi. Il cuore e la mente rimangono però sempre vòlti agli affetti più cari: con i primi soldi guadagnati come ballerino, penserà subito alla mamma, alle sue fatiche e ai suoi sacrifici, e le comprerà un'auto, un frigorifero e una lavatrice nuovi fiammanti (e pazienza se, malgrado il disappunto di Antonietta, con il gruzzolo guadagnato subito dopo si ricopre il corpo di tatuaggi).

Il primo a captare l'animo in subbuglio di Alessio (un cuore grande sotto un'armatura indossata solo per difendersi) è il Maestro Fascilla che, sempre scevro da preconcetti, aveva il dono di saper leggere dentro i giovani al di là dei loro atteggiamenti più plateali e di capirli profondamente. È lui, giudice esterno del talent televisivo, a notare, sì, il carattere scontroso e aspro del ballerino campano, ma anche e soprattutto il suo talento sul palcoscenico. È ancora lui, caso rarissimo, a segnalarlo a MAB, permettendone la convocazione in finale per l'edizione del 2016.

Il ragazzo affronta il suo momento nell'unico modo che conosce. Ha compiuto 19 anni ed è animato da un desiderio di emergere che viene da lontano e che è stato alimentato per mesi dai ritmi intensi della tv. Basterà una sera per fargli capire che in MAB vigono invece i ritmi ben diversi del teatro.

Le luci della serata di gala 2016 si accendono e Alessio arriva al Manzoni con fare da divo. Sta sulle sue, parla poco. Solo Antonietta e mamma Loredana sanno come stanno veramente le cose. Entrambe conoscono bene il "loro" ragazzo, la sua timidezza, il suo esser schivo. Antonietta lo ha visto crescere in sala giorno dopo giorno, ne ha coltivato l'impegno, la disciplina e il rispetto per la danza; Loredana ha fiducia nell'educazione e nei valori trasmessi al figlio fin da piccolissimo. La verità è che il ragazzo è attanagliato dalla paura. MAB, Alessio se ne rende conto subito, è un evento serio, il livello è alto: teme di dire o fare cose sbagliate, nel modo sbagliato. Per questo preferisce abbassare la saracinesca dell'emotività e chiudersi in sé.

A tutti, infatti, i "conti" non tornano. Il ballerino di Eboli è accompagnato da una maestra dolcissima, educatissima, sempre pronta al sorriso, che si apre sotto un paio di occhiali tondi e su un apparecchio da bimba che ispira simpatia. Anche la signora dagli occhi luminosi che gli è sempre accanto e che ringrazia tutti con discrezione ha modi squisiti e gentili. Ci deve essere una qualche spiegazione al comportamento del giovane.

La danza, da tempo sublime ospite dell'aristocrazia delle arti, vanta un'importante sigla: MAB.

Aldo Masella

Alle Residenze Artistiche di MAB hanno compreso che il vero scopo della formazione artistica è quello di creare non solo dei professionisti della danza ma degli esseri umani completi.

Tomorr Kokona

La paura e l'agitazione di Alessio dipendono dall'ansia di fronte a una prestazione obiettivamente difficilissima. Sul palcoscenico è chiamato a interpretare il celebre assolo *Les Bourgeois*, personaggio un po' guappo e un po' guascone che sembra calzargli a pennello, rispecchiare la sua personalità, ma che richiede anche virtuosismi e prodezze da ballerino provetto. A questi fondati timori si somma un'imperdonabile distrazione, di quelle cui Alessio è avvezzo ma che stavolta potrebbe costargli la chiusura delle porte del futuro. In camerino, il ragazzo non si dà pace. Come ha fatto a dimenticarsi le scarpette? Le *scarpette*! Come ha potuto arrivare a uno dei più importanti concorsi internazionali di danza, per di più convocato direttamente in finale, sprovvisto di scarpette?

Il panico lo assale. E a ragion veduta. I tempi del gala di MAB sono serratissimi, scanditi al minuto da Gaia Landoni, la piccola (solo di statura) stage manager dal sangue freddissimo che, con piglio militaresco e tempi elvetici (due i nickname che le sono stati affibbiati: "Thatcher del retropalco" e "donna-cronometro"), gestisce l'ingranaggio tecnico dell'evento senza ammettere deroghe. Per niente e per nessuno. È una questione di rispetto per la sacralità della danza, per la professione e per l'eccellenza cui MAB aspira. L'equazione quindi è semplice, Alessio lo sa: hai dimenticato le scarpette? Per te la competizione è finita. Torni a casa. Nessun appello.

Ormai sull'orlo di un crollo emotivo, il "guappo" di Eboli entra con sorpresa nella dimensione di MAB, una dimensione in cui ciò che viene premiato è *esclusivamente* il talento e dove i candidati dietro le quinte fanno il tifo per gli altri e alla fine battono le mani al vincitore.

Il nuovo mondo gli si apre per l'intervento di Pasquale Serao, il concorrente finalista che già lo aveva esortato a "darsi una mossa" quando, trafelato a causa del treno in ritardo, si era lasciato andare su una sedia dopo una corsa contro il tempo verso il Teatro Manzoni. Pasquale nota il disagio di Alessio, gli si avvicina e con estrema naturalezza gli offre le sue scarpette: "Ho controllato la scaletta: tu sei prima di me. Se ti vanno bene, prendile. A fine esibizione me le rendi". Il gesto inaspettato e generoso del ragazzo ha su Alessio l'effetto balsamico di una liberazione. La corazza va in mille pezzi, calza al volo le scarpette dell'amico (Pasquale in quel preciso momento lo è già diventato) e danza divinamente davanti alla giuria di MAB, che lo premia con il secondo posto. Pasquale non si classifica nemmeno, ma cosa importa? È al settimo cielo per Alessio, applaude alla sua vittoria, di cui si sente un po' partecipe, e dietro le quinte lo accoglie con un abbraccio stretto, trionfante, affettuoso.

Vincitori entrambi della più grande delle amicizie, Alessio e Pasquale da allora non si sono più persi. Malgrado le vicissitudini diverse (Pasquale padre di famiglia; Alessio, per ora, no) e i viaggi per il mondo dovuti alla professione, l'uno conosce e partecipa della vita dell'altro. E non c'è programma televisivo, talent, impegno teatrale che tenga. Alessio non manca mai di fare una tappa a Napoli dove abita il "suo" Pasquale, l'amico che la danza, MAB e le sue "due mamme" hanno messo sulla sua strada e che ancora oggi, giovane e più saggio uomo oltre che serissimo professionista, coltiva come il più prezioso dei doni.

CARLA MANERA

L'INTRAPRENDENZA

Una casa dove "suona la musica", in cui leggiadri passi di danza animano gli ambienti colmi di oggetti creativi (come i conigli "danzanti" in maglia patchwork che hanno popolato fantasiose coreografie), arredi estrosi, originali soluzioni architettoniche (una vecchia scala dai gradini "fiabeschi" da cui pendono piante rampicanti) che non disdegnano funzionalità e praticità. Fuori, a completare il quadro, il paesaggio e le colline delle Langhe.

Che l'arte e la creatività siano il *fil rouge* della vita di Carla Manera, direttrice della scuola di danza ASD OPEN di Alba e fine architetto, è un dato di fatto (e un fatto artistico). Fabrizio, il marito di Carla, è musicista e le sue note permeano i luoghi di famiglia e sembrano cadenzare i ritmi di Beatrice e Aurora, le figlie della coppia, estremamente e naturalmente dotate per la danza.

Intellettuale raffinata e langarola genuina e pratica, Carla è soprattutto una mamma avvolgente, per la quale tutto ruota intorno al nucleo familiare, centro della sua creatività e di quella dei suoi componenti.

Creatività e vena artistica che Carla ha tutte le intenzioni di coltivare per le sue bambine, decidendo di tentare per Beatrice, la maggiore delle due, l'iscrizione al Premio MAB. A ottobre 2019, quando Carla consulta il bando che apre le selezioni, sa che la sua talentuosa figlia è pronta: non solo ha la preparazione tecnica, ma ha anche la serietà e la determinazione necessarie per affrontare una competizione così importante. Ad appena quattordici anni ha lasciato le Langhe, da sola, e si è trasferita a Torino per studiare danza con Pompea Santoro e contemporaneamente frequentare il liceo classico. In città, vive e si confronta con ragazze più grandi, dimostrando e sviluppando una maturità straordinaria per la sua età (basti dire che, malgrado gliene venga data la possibilità, Beatrice decide di non lasciare gli studi per la danza e di finire il liceo, convinta che una solida base culturale sia indispensabile per la carriera di ballerina: *chapeau!*).

Sia la mamma sia la figlia non pensano a vincere, ma a *partecipare* a un evento tanto prestigioso nell'universo della coreutica. Poter accedere alle selezioni di MAB sarebbe di per sé la ricompensa per i tanti sacrifici, l'impegno, i sogni che Beatrice ha riposto nella danza.

Da ottobre a marzo c'è tutto il tempo per finalizzare l'iscrizione. Ma *quel* marzo 2020 stravolge il mondo e i piani di tutti.

Carla si mette di nuovo al computer. Consulta il sito del Premio e vede che le iscrizioni sono prorogate di un mese (la speranza di tutti era che la situazione pandemica si stabilizzasse nel giro di poco tempo, quindi gli organizzatori di MAB avevano pensato di permettere l'invio delle candidature fino al 30 aprile anziché entro il 30 marzo come di consuetudine). In un primo momento Carla si rassicura, poi però si rende conto, come il mondo intero, che le cose non si risolveranno in fretta, che l'interruzione del lavoro della sua come di tutte le altre scuole di danza non sarà breve, che la sua attività, la passione della vita, è a rischio chiusura. Per la prima volta, avverte un senso di vuoto. Le note di Fabrizio, i volteggi di Beatrice e di Aurora, la compagnia dei suoi amati gatti e cani, gli oggetti e le "idee" di famiglia che la circondano non bastano a rasserenarle la mente. Ha il suo lavoro di architetto, sì, ma in questo frangente non ci sono certezze. Il problema sarà presto economico, ma ora è soprattutto e immediatamente

esistenziale. Rinunciare alla danza sarebbe come rinunciare a sé stessa: prima che architetto, Carla è una ballerina, è una maestra di danza. A partire dal primo giorno in cui ne ha preso coscienza. "Senza la danza" si chiede "chi sono io?". La sua vita è sempre corsa su due binari: l'architettura forse la potrà salvare sul lato pratico, ma il cuore chi potrà sanarlo?

Al dilemma identitario si aggiunge il peso e il senso di responsabilità verso chi vede in lei un punto di riferimento a cui rivolgersi e da cui attendere risposte. Beatrice e Aurora *in primis*, che da quando sono nate respirano e vivono l'aria della sala danza, ma anche tutti i suoi allievi, che pur di alimentare la propria passione sono pronti a qualunque sacrificio. Che cosa può dire loro? Che è tutto finito? Che non si sa dove andare? Che il mondo è cambiato a tal punto da toglier loro l'ossigeno dell'arte e che non c'è più nulla da fare?

Carla è in piena *crisi*. Ma non nell'accezione comune del termine, bensì in quello che *crísis* aveva presso gli antichi Greci, dove indicava il discernimento e la conseguente capacità di scelta, di decisione. Non cede allo sconforto, ma sente che è arrivato il momento di agire, di fare qualcosa per sé, per le sue bambine e per i suoi "figli pedagogici".

Il sito di MAB continua a dare aggiornamenti. Tutto però è ancora *in fieri*, in evoluzione. Carla rimane davanti al computer, apre il programma di posta e si mette a scrivere. Poche righe, dritte al punto, pragmatiche come solo la mente di una piemontese doc è in grado di formulare. "Caro MAB, cosa avete intenzione di fare?". La domanda non si riferisce a un prossimo calendario, né tanto meno a questioni amministrative, al momento passate in second'ordine. Carla chiede lumi, idee, risposte sul futuro della danza e vuole conoscere la visione di MAB davanti a una situazione tanto difficile quanto inaspettata. La segreteria di MAB si sofferma sulle sue parole, e la mail arriva in direzione, sui desktop di Gisella Zilembo e Silvio Beretta, che già stanno lavorando a soluzioni per mettere a punto un "piano d'azione" e far sì che scuole, maestri e allievi trovino risposte realistiche nel mare d'incertezza causato dal Covid. La mail di Carla diventa un detonatore, una fonte di ispirazione per andare e guardare avanti. Gisella intuisce che la domanda di Carla è concreta e idealista allo stesso tempo, proprio come il progetto di MAB. Lo tsunami della pandemia non può cancellarlo, anzi, proprio in questo momento così difficile, dove in gioco ci sono la salute esistenziale, culturale ed emotiva dei giovani ballerini e la sopravvivenza delle scuole, MAB risponde all'appello con una nuova missione: sostenere il settore e risollevare le sorti delle scuole di danza. Nasce in quei giorni lo *sleight of mouth* "tra il dire e il fare c'è di mezzo il MAB", che scandirà la campagna del programma Re-Star.

Alle scuole si chiede di non abdicare al proprio ruolo di fari di riferimento per i giovani, di andare oltre la quotidiana trasmissione di contenuti tecnici, di continuare a rappresentare il quadro di *valori imprescindibili* per tutti i ragazzi che della danza fanno la loro passione. Dal canto suo, MAB si impegna in più direzioni. A maggio viene annunciato il progetto Re-Star, che per dieci settimane circa vedrà trecento ragazzi incollati ai video per frequentare lezioni, e *meet and greet*, con le più grandi star della danza internazionale. Le proposte in cantiere sono tantissime, proposte per cui Carla viene contattata e alle quali aderisce con entusiasmo e una predisposizione mentale di larghissime vedute. La sua ASD OPEN è subito pronta a far parte del palinsesto scuole creato da MAB e da MAB supportato dal punto di vista organizzativo, amministrativo e legale. Una sorta di "contenitore artistico" online in cui Carla mette a disposizione ore di danza registrate durante i mesi estivi dell'*annus horribilis* 2020, così da garantire ai propri e agli altri allievi partecipanti al progetto continuità di insegnamento e allo stesso tempo ovviare al problema dei voucher, quei bonus "a perdere" tanto gravosi per le scuole di danza e non solo.

Finalmente con in mano delle risposte e delle iniziative, Carla non si ferma e decide di seguire, insieme a una cinquantina di altri direttori di scuole di danza, il corso di formazione in business coaching tenuto da Gisella Zilembo nell'ambito della School of Excellence di MAB. Business plan, vision, marketing applicato agli eventi coreutici, pnl... sono parole e concetti che entrano a far parte del suo linguaggio ma soprattutto a cambiare la sua mentalità, che da squisitamente artistica si fa anche imprenditoriale nell'accezione più "intraprendente" del termine, ovvero di sostegno e pro-

mozione della propria attività. Carla rimane maestra di danza, dunque fondamentalmente e principalmente portavoce di valori, arte e cultura, ma ora è anche imprenditrice con un forte riconoscimento professionale e una legittimazione prima impensabile, data dall'affiancamento ai grandi personaggi della danza mondiale.

Grazie a MAB, la sua e le altre scuole partecipanti hanno potuto continuare la loro attività (quanto mai indispensabile e preziosa in tempi di pandemia) di tutela e sviluppo della "salute esistenziale" dei giovani artisti.

Il tasto "Invio" pigiato da Carla in un momento di vuoto e di buio in cui tutto sembrava precipitare è stato foriero di grandi opportunità e nuovi sviluppi. Beatrice (con la piccola Aurora) ha seguito le Residenze Artistiche ed è arrivata in finale alla specialissima edizione online di MAB 2021, sfiorando il primo posto, e ha potuto fare la conoscenza di Melanie Person, vicedirettrice dell'Alvin Ailey American Dance Theater di New York, tempio americano della danza moderna che la giovane ballerina aspira a frequentare. Carla ha "salvato" la sua attività, sé stessa e le speranze dei suoi allievi, e grazie agli insegnamenti della School of Excellence ha ricavato spunti per dare linfa anche alla sua pur già ben avviata carriera di architetto.

Da vera (e "nuova") imprenditrice, oggi dice di non aver realizzato sogni, ma raggiunto obiettivi realistici in tempi certi.

Concretezza e praticità tutte piemontesi.

Per me la danza è stata un grande amore. Come ogni amore vissuto con passione, si è trasformato, ma ho la certezza che durerà per sempre.

Patrizia Manieri

MARTINA ARDUINO E MARCO AGOSTINO

L'UMILTÀ

Danzare in punta di piedi. Ma anche vivere e comportarsi *sempre* in punta di piedi. Con eleganza, umiltà, educazione; anche quando si può dire di "essere arrivati", quando si sono raggiunti i propri obiettivi e ottenuti risultati che sono dei veri e propri primati. È questo il caso di Martina Arduino, la più giovane prima ballerina nominata in un ente lirico europeo, la Scala di Milano.

Determinata e garbata, di poche parole e molti fatti, Martina avrebbe più di un motivo per darsi vanto, per ricordare a tutti quanto in alto il suo danzare l'abbia portata e come la sua incrollabile tenacia l'abbia inserita nell'olimpo della coreutica nazionale. Eppure, questa ventiseienne ragazza torinese dalla volontà d'acciaio non conosce divismo o egotismo, ignora qualunque forma di autocelebrazione né si aspetta l'ammirazione altrui. Con una mentalità da atleta oltre che da ballerina *tout court*, Martina è consapevole della sua fortuna, ovvero di aver potuto fare della passione della vita il proprio lavoro, e per questo vive la danza con abnegazione e impegno e con gli occhi sempre puntati al risultato, senza curarsi delle dinamiche dello *star system* e dell'*allure* di spettacolarità di cui può essere intriso il mondo della coreutica.

Una professionalità e una personalità del genere non potevano non incrociare la strada di Premio MAB, in una condivisione di intenti e di valori che mirano all'esaltazione della danza come arte e stile di vita senza lo stordimento delle luci della ribalta.

L'inevitabile, magico incontro avviene nel 2019, in occasione del gala organizzato per i dieci anni del Premio, contestualmente dedicato a Roberto Fascilla e alla sua decennale ed eccezionale dedizione a MAB. Fu Anna Maria Prina, direttrice artistica dell'Accademia della Scala per oltre trent'anni e quell'anno direttrice artistica onoraria di MAB, a decidere, in pieno accordo con Silvio Beretta e Gisella Zilembo oltre che con il cast artistico al completo, l'intitolazione dell'evento al Maestro. Su sua indicazione, furono coinvolti i tre enti lirici italiani più rappresentativi e significativi per il grande ballerino e coreografo che di MAB sarà sempre l'unico direttore artistico effettivo. La signora Prina si rivolse al Teatro alla Scala di Milano, che aveva tenuto a battesimo il Maestro, al Teatro San Carlo di Napoli, dove era stato direttore del ballo, e al Teatro dell'Opera di Roma, "il" teatro della Capitale nonché tempio nazionale dell'opera per antonomasia, invitando una coppia di ballerini di ciascuno di questi enti affinché interpretasse brani di repertorio cari al Maestro Fascilla.

La serata fu illuminata da ospiti di eccezione. Accanto ai vincitori delle passate edizioni del Premio Maria Antonietta Berlusconi, che si esibirono e raccontarono cosa avesse significato per loro e per la loro professione l'esperienza di MAB (tra tutti, Nicoletta Manni e Timofej Andrijashenko, vincitori di MAB nel 2011 e oggi primi ballerini della Scala), salirono sul palco Salvatore Manzo (vincitore della prima edizione del Premio) e Claudia D'Antonio del Teatro San Carlo, Rebecca Bianchi e Michele Satriano dell'Opera di Roma, e proprio Martina Arduino e il "suo" Marco Agostino del teatro scaligero.

L'arrivo di Martina nel foyer del Teatro Manzoni la sera del decennale è nel segno dell'*understatement*. Esile, disinvolta, acqua e sapone, sorriso aperto e borsone sulle spalle, tiene in mano una serie di fogli appena stampati. Tutti la scambiano per una delle ragazzine concorrenti e pensano che sia forse un po' in ritardo, tanto che le hostess si fanno avanti per indirizzarla e aiutarla. Mentre sta consegnando di persona il plico di fogli (che altro non è se non la lettera di incarico di MAB diligentemente compilata e sottoscritta), la raggiunge Marco Agostino, suo compagno di scena e nella vita. Qualche dubbio allora sorge: questa ballerina non è una concorrente, è Martina Arduino, prima ballerina della Scala e prima ballerina ospite della serata!

Lo stupore per il suo comportamento educatissimo e rispettoso si fa ammirazione. Lo chignon già impeccabile dietro la nuca, non ha bisogno di essere pettinata né truccata, non cerca un camerino dedicato. Ringrazia per l'opportunità che le è stata data e, con la tranquillità senza alterigia di chi sa ciò che fa, prende Marco per mano e con lui si dirige verso le quinte. C'è ancora chi, vedendoli mentre si allontanano insieme, così giovani e semplici come figure di un romantico quadro ottocentesco, pensa che si tratti di due concorrenti.

Non appena però Martina e Marco entrano in scena, il silenzio cala immediato in sala e gli spettatori hanno modo di godere appieno della sinuosità delle movenze e della naturalezza con cui i due ballano insieme. La scena del balcone di Romeo e Giulietta da loro interpretata lascia il pubblico estasiato ed è come se la presenza del Maestro Fascilla, che di Romeo e Giulietta aveva nella sua lunga carriera eseguito pressoché tutti i ruoli maschili, aleggiasse per il Teatro Manzoni impartendo la sua "artistica e umana benedizione".

La loro performance è strepitosa e lascia tutti a bocca aperta, ma ciò che stupisce (soprattutto chi, dal retropalco, ha assistito all'arrivo e alla preparazione dei due ballerini scaligeri) è l'umiltà con la quale si sono presentati, espressione di un amore per la danza senza alcuna mania di protagonismo. Un ragazzino che stava seguendo un tirocinio delle Residenze Artistiche ed era presente quella sera commentò: "Forse questo significa essere ballerini: amare la danza più dell'Io e di sé stessi". Con una spontaneità senza filtri, il giovane tirocinante sintetizzò così il pensiero di tutti coloro che videro quella sera Marco e Martina danzare ed *essere*.

I due ballerini hanno di nuovo incrociato la strada di MAB nel 2020, partecipando al progetto Re-Star. Partito da un'intuizione di Gisella Zilembo a maggio di quel difficilissimo anno per dare speranza e prospettive ai giovani allievi, esso ha introdotto per la prima volta nella danza gli eventi *meet and greet*, incontri tra star artistiche e i loro fan tradizionalmente organizzati nel mondo del cinema e della musica. Grazie alle nuove opportunità fornite dai collegamenti da remoto, MAB ha ideato il progetto per rendere possibile un contatto diretto tra ballerini e coreografi di fama internazionale e i ragazzi delle scuole di danza rimasti spiazzati dalla pandemia. Attraverso videochiamate della durata di due ore, per dieci settimane due volte la settimana, gli allievi hanno potuto parlare e confrontarsi con i loro miti e punti di riferimento. Tra le star interpellate da MAB anche Martina e Marco, scelti per acclamazione diretta dei ragazzi che in loro si sono identificati in quanto giovanissimi professionisti e che dalla loro umiltà e gentilezza hanno tratto ispirazione.

Subito disponibili ed entusiasti del progetto, Marco e Martina si sono messi soprattutto in *ascolto* dei ragazzi, volendo conoscere i problemi, i sogni e le speranze (infranti, contingenti, realizzabili e realizzati) dei loro giovani interlocutori.

Martina non ha parlato di sé, né della sua carriera. Senza mai dimenticare un ringraziamento agli organizzatori di MAB e a tutti i partecipanti, ha insistito con i ragazzi sull'apertura al futuro a cui la danza praticata *ogni giorno* con serietà può portare, anche in tempi bui. A proposito di tenacia,

La danza classica è proprio come la vita. Nessuno sul palco può mentire o nascondersi dietro paroloni.

Nina Ananiashvili

Marco, che ha "provato sulla propria pelle" la forza di Martina, ha raccontato ai ragazzi di quanto la sua compagna abbia rivoluzionato radicalmente la sua idea di volontà spronandolo a fare sempre di più e sempre meglio. Impeccabile nella sua camicia bianca ("Il maestro ha messo la camicia come quando si va ai matrimoni" dirà in videochiamata una piccola allieva, intuendo che anche questo era un modo con cui il suo mito mostrava di portare rispetto per la danza e per i *meet and greet*), il ballerino ha ricordato come anche lui abbia dovuto dotarsi fin da piccolo di una buona dose di determinazione per proseguire nello studio della coreutica. Una maestra incontrata a uno stage aveva tentato di depistarlo: "Sei un maschio, perché ti ostini con la danza e non ti dedichi piuttosto all'avvocatura, professione più certa e redditizia?". Ma Marco non ne aveva voluto sapere di codici e leggi e, pur bambino, aveva deciso di continuare a coltivare la sua passione e di farne la sua professione.

I contributi di Martina e Marco, entrambi portavoce di messaggi forti di impegno, tenacia e rispetto, sono stati preziosi per i ragazzi di MAB, affascinati dal loro amore fuori e dentro il palcoscenico. Conosciutisi durante le prove di una coreografia difficilissima per la quale sembrava impossibile trovare la giusta alchimia, entrambi hanno fatto leva su una determinazione incrollabile per ottenere il risultato; e proprio le difficoltà incontrate nella danza sono state galeotte di una profonda e romantica intesa professionale e personale.

Mai come per la storia di Martina e Marco risulta appropriata la celeberrima e spesso citata frase di Jane Austen "Amare la danza era un primo passo, sicuro, nella direzione dell'innamorarsi".

A volte bisogna tentare l'impossibile perché diventi possibile.

Ilaria Brugnotti

MADU
ANTHONY
MNESOMA

IL SOGNO

Dall'estrema periferia di Lagos, per raggiungere la scuola, un bambino di undici anni può dover camminare per ore. Ogni giorno, ogni mattina, con qualunque tempo e in qualunque condizione. Con la stessa dedizione e spirito di sacrificio lo stesso bambino frequenta la scuola di danza locale. Ne vale la pena. L'ha fondata il aestro Daniel, ballerino visionario, determinato a proteggere i più piccoli dai pericoli e dalle insidie che vivere in un villaggio nigeriano comporta, e soprattutto deciso a mostrare loro la bellezza della danza, dell'arte, di un mondo che è fatto anche di speranza e di futuro. Parole e valori che Anthony, a soli undici anni, assorbe e fa propri, ballando sulla terra rossa, schivando sassi, spine, qualche pezzo di vetro... Non importa se non c'è un linoleum tirato a lucido, se la sbarra è un po' storta e lo specchio appena sufficiente per guardarsi di sfuggita. Ad Anthony importa solo ballare, seguire i passi della sua passione, proiettare all'esterno la luce che ha dentro di sé, provare quella gioia che solo la musica e la danza riescono a infondergli. Perché la musica e la danza, lo capisce in fretta, nessuno può portargliele via. Non sono i giocattoli che non può avere, le merende che non può mangiare, i vestiti che non può indossare. La danza e la musica, se ne renderà conto da adulto ma lo intuisce già oggi da bambino, rappresentano il suo *Io sono* sociale, culturale ed emotivo. Ballare è tutto. Vita, esistenza, felicità.

In questo percorso Daniel, infaticabile malgrado le mille difficoltà, è sempre al fianco di Anthony e di tutti i suoi allievi. Si sente un maestro "vero" tutte le volte che i suoi ragazzi riescono a frequentare le lezioni di danza tenendosi lontani dalla strada. Basta la presenza, basta averli a scuola, vederli muoversi felici non appena sul vecchio stereo o sul computer viene premuto il tasto *Play*.

Anthony è il più assiduo ed entusiasta. Con una perseveranza straordinaria per la sua età, frequenta le lezioni con il sorriso e un'incrollabile tenacia. Ha talento, è curioso. Gli occhi spuntano dal viso, fanali di avorio nell'ebano, pronti a sporgersi oltre i confini del villaggio, per andare a vedere se nel mondo ci sono davvero la speranza e il futuro di cui il suo maestro gli ha tanto parlato. La finestra di Anthony sul mondo e sulla danza è il tablet di Daniel, la cui cronologia, da quando il bambino ha imparato ad usarlo, mostra una costante, quasi monotematica ricerca: New York City Ballet.

Nell'autunno del 2020, in piena pandemia, il mondo è cambiato e il distanziamento sociale trasforma il tablet di Daniel nella lampada dei desideri di Anthony. L'emergenza sanitaria trasferisce online molti eventi e concorsi dedicati ai giovani ballerini, allargandone le platee pressoché illimitatamente e offrendo opportunità prima inimmaginabili, sia per i costi sia per la logistica che la partecipazione ai concorsi spesso richiede. Daniel riesce così a iscrivere la sua Leap of Dance Academy di Lagos al Ballet Beyond Borders (BBB), competizione internazionale diretta da Charlene Carey con sede fisica in Montana: un "miraggio", nel mondo pre-Covid, per bambini e ragazzi allievi di una scuola di danza nigeriana. Coincidenza vuole che l'organizzazione del concorso chiami come giudice Claudia Zaccari, già prima ballerina del Teatro dell'Opera di Roma, il cui rigore e ferrea disciplina la precedono lungo i corridoi delle scuole di ballo di mezza Italia. Grande professionista, docente severa, temuta, autorevolissima, Claudia fa parte della giuria di MAB e, come MAB, ha il cuore che batte forte per i bambini

Madu Anthony Mnesoma con due allieve della Leap of Dance Academy di Lagos.

in difficoltà. Nella sua lunga carriera, innumerevoli sono state le iniziative benefiche che ha seguito personalmente per aiutare i piccoli disagiati nel mondo: grazie alle sue raccolte fondi sono sorte in India, Africa, Brasile scuole di istruzione e sono state avviate, sotto la sua stessa supervisione, coraggiose ed embrionali scuole di danza.

La signora Zaccari vede Anthony ballare e, conoscendo bene dall'interno la generosità dell'Associazione MAB, si attiva per questo ragazzino della Nigeria che, scalzo e leggiadro, in un video che poi farà il giro del mondo, danza sulla terra rossa, incurante di una propizia pioggia africana e della povertà che lo circonda.

MAB risponde subito alla chiamata e lo fa attraverso i contatti e le iniziative online prontamente attivate allo scattare dell'emergenza pandemica. È bastato un click e Anthony ha potuto frequentare, grazie a una borsa di studio integrale, le lezioni delle Residenze Artistiche 2021 di MAB, tenute da docenti di altissimo livello e richiamo. Un nome su tutti? Wendy Whelan, direttrice associata proprio del New York City Ballet, una delle più prestigiose istituzioni al mondo. Il sogno diventa realtà. Anthony può *studiare* e dedicarsi alla sua passione senza preoccupazioni economiche e logistiche, senza gravare sulla sua poverissima ma affettuosissima famiglia, che lo appoggia e lo incoraggia fin dal primo giorno. Tutto il villaggio è in festa: i vecchi saggi increduli e felici, i giovani pieni di entusiasmo per il piccolo che, grazie alla passione per l'"esotica" danza classica, ha riscattato un'intera comunità.

Anthony non delude le aspettative, soprattutto umane: organizzatori, docenti, famigliari sono fieri di lui e del suo impegno. È pronto ai collegamenti con (almeno) cinque minuti di anticipo e la prima volta ha dietro di sé la mamma, vestita con la tradizionale capulana delle grandi occasioni. In silenzio, discreta e dignitosa, non vuole apparire, ma è lì, con il suo bambino, orgogliosa, sorridente, rispettosa del lavoro svolto dal piccolo e dai suoi docenti.

Il rispetto di sé e degli altri è un valore impartito con serietà nella famiglia di Anthony, così come l'educazione: prima di ogni lezione il bambino, impettito e rigorosamente in divisa da ballerino, saluta e ringrazia singolarmente tutti coloro che lo hanno aiutato (il MAB, la signora Zaccari, la signora Carey, Silvio Beretta, Gisella Zilembo e anche la signora Maria Antonietta Berlusconi e Sabrina Beretta), e non c'è modo di incominciare (né di chiudere) i collegamenti finché il giro dei saluti non è terminato. Su esortazione del maestro Daniel, Anthony assiste persino alle lezioni di teoria perché, concordi i genitori, non deve sprecare neanche un minuto di questa preziosa opportunità formativa. Impresa ardua ma in qualche modo possibile per il piccolo ballerino nigeriano che, con la stessa attenzione con la quale segue le lezioni pratiche, ascolta affascinato e un po' attonito la storia dell'origine del balletto, la differenza tra teatro e anfiteatro, i grandi dell'Umanesimo e del Rinascimento... Quanto di quella teoria Anthony abbia trattenuto non è dato sapere, ma è certo che di quei momenti ricorderà la pazienza da parte dei compagni che a gesti hanno fatto di tutto perché la traduzione inglese gli arrivasse il più chiara possibile e affinché potesse cogliere la bellezza e la grandezza dell'arte e della nostra cultura. Forza della *condivisone*, primo valore di MAB.

Insieme al piccolo Adriano Loggia, un "collega" italiano altrettanto puntuale e rigoroso, allievo dell'Associazione Artespettacolo diretta da Sabrina Maraschin, Anthony nel 2021 vince il premio speciale Gioia di Danzare – Sabrina Beretta, dedicato proprio a chi meglio rappresenta ed esprime la gioia della danza. Quando balla, che sia nell'aia di casa, in uno spiazzo polveroso, per strada o a scuola, Anthony è felice: lo dicono i suoi occhi, il suo sorriso, i suoi movimenti ancora immaturi e tanto aggraziati. Il premio, istituito nel 2012 e intitolato a Sabrina Beretta, la figlia della signora Etta scomparsa in giovane età pochi anni dopo la mamma, è conferito generalmente ai ballerini più piccoli e "gioiosi" dalla famiglia e non dalla giuria tecnica.

Grazie a MAB, Anthony ha potuto superare i confini del suo villaggio, nuove inaspettate porte si sono aperte per lui. Quelle del maestro Daniel, allora, non erano parole al vento: la speranza lo ha premiato, un futuro diverso lo attende.

EMMA
MARDEGAN

L'APPARTENENZA

Formazione di altissimo livello; asticella degli obiettivi che mira al professionismo; occhi, cuore, fibre che nelle competizioni puntano sempre al podio.

Varcata la soglia della scuola di danza Il Balletto di Castelfranco Veneto, gli allievi di Susanna Plaino sanno bene a cosa vanno incontro. La maestra è esigente, severa, rispettata: un punto di riferimento per la preparazione coreutica e non solo. Psicologa, Susanna insegna ai suoi ragazzi a ottenere i migliori risultati, a marcare la meta anche quando sembra lontana e inarrivabile.

Emma Mardegan è una allieva della scuola Il Balletto. Mite, composta, mai arrogante, sempre un passo indietro piuttosto che uno avanti, di primo acchito risulta difficile accostarla a un metodo così rigido e performante. Eppure, Emma è la figlia artistica che meglio rispecchia l'insegnamento di Susanna, che alla proverbiale ed effettiva inflessibilità affianca un'amorevole e attenta dedizione nei confronti dei suoi allievi. Con occhio "clinico", Susanna si rende conto che questa ragazzina misurata nei comportamenti ma smisurata nel talento ha le capacità tecniche e l'equilibrio mentale per affrontare le competizioni nazionali e internazionali.

Alle soglie dell'adolescenza, Emma non si fa prendere dalle distrazioni e dalle bizzarrie dell'età. Non freme per uscire con gli amici, non ricorre a eccentrici make-up, è di poche parole, ama andare a scuola senza vergognarsene e, quando la campanella suona, corre da Susanna e si mette alla sbarra, ora dopo ora. In testa pochi grilli, tanti sogni e l'unico obiettivo di diventare una ballerina professionista. Della sua giovane età Emma coltiva solo i miti, che per lei sono i grandi nomi scaligeri della coreutica, Roberto Fascilla su tutti, l'"istituzione" della danza in carne e ossa.

Forte della sua determinazione d'acciaio e di una formazione "accademica", la giovanissima Emma riscuote immediati successi in concorsi, audizioni e competizioni, soprattutto all'estero. La sua carriera di ballerina in erba decolla e parallelamente si insinua nella ragazza un senso di vuoto, di nostalgia della famiglia e del proprio paese, un bisogno di ritorno alle radici che neanche la presenza costante e materna di Susanna riesce a stemperare. Viaggiare è bello e fa ormai parte della sua vita, ma Emma vorrebbe che ad accompagnarla, a vederla, ad applaudirla fossero mamma, papà e tutti i suoi famigliari, che per consentirle di studiare e girare il mondo fanno grandi sacrifici. A dispetto della giovinezza, è forte in lei la necessità di *appartenenza*: al nucleo famigliare, alla terra veneta, alla cultura nazionale.

Nel 2015 Susanna le parla di MAB. Un evento e un premio tutto italiano, una competizione completamente gratuita "a un passo da casa", una giuria e una platea che riuniscono il gotha della danza internazionale. Impossibile chiedere di più. La ragazzina acqua e sapone si mette al lavoro come solo lei sa fare, a testa bassa e con tenacia. Pur non concorrendo al Premio direttamente, viene notata e vince una borsa di studio che le permette di coronare (rimanendo in Italia) il suo sogno.

Quell'anno può frequentare la sessione estiva delle Residenze Artistiche che si tengono a Sestriere. È qui che ha l'opportunità di conoscere il suo mito di sempre e di seguirne le lezioni. Compassata, a braccia conserte, con la massima concentrazione, Emma assorbe ogni dettaglio, ogni insegnamento, ogni parola del Maestro Fascilla, portandone addirittura in scena una coreografia originale. Si tratta di un passo a due (famosi sono i tanghi

Grazie a esperienze come questa i giovani danzatori trovano un modo per esprimere il loro talento. Tutto il mio apprezzamento al premio MAB per questa meravigliosa opportunità.

Carlos Iturrioz

di Roberto Fascilla: montati sulle musiche di Astor Piazzolla, sono entrati di diritto nel repertorio della coreutica italiana), un'esercitazione messa in opera appositamente per la serata finale del campus al Teatro Fraiteve di Sestriere che il Maestro decide, insieme all'amico carissimo e collega scaligero Bruno Vescovo, al suo fianco anche in questa occasione, di "regalare" a quattro ragazzi del corso avanzato delle Residenze, affinché mettano alla prova le proprie certezze e capacità. Insieme ad Angelo d'Aiello, Emanuele Chiesa e Linda Giubelli, Emma stenta a credere a quello che sta vivendo: sarà diretta personalmente dal Maestro Fascilla su una coreografia da lui creata! Non vuole farsi sopraffare dall'emozione, deve rimanere concentrata sulla tecnica, perfezionare i movimenti, celebrare il passo a due con un'esecuzione perfetta.

Il Maestro la osserva. La giovane ballerina che ha voluto premiare a MAB conferma il suo talento, il suo garbo, la sua tenacia. Ma c'è qualcosa che non sfugge al suo occhio esperto. Emma, a soli quattordici anni, è "ingessata" nei suoi virtuosismi, nascosta dietro i vezzi della disciplina *tout court*. Quindi la sprona: "Emma, non fare la vecchia. Esci dal guscio della perfezione e osa. Abbi il coraggio di guardare oltre l'ostacolo e di essere giovane come sei". Poi, citando Jovanotti, le ricorda che "La vertigine non è paura di cadere, ma voglia di volare".

Dall'alto dei suoi allora settantasei anni, il Maestro dà lezioni di leggerezza e tocca le corde giuste. Emma scioglie le braccia, i muscoli e ascolta quello che sarà il suggerimento-guida per la sua carriera futura: utilizzare la tecnica come un "pretesto" senza che diventi una gabbia dell'espressività artistica e della personalità.

Con il supporto di Susanna, la ballerina di Castelfranco Veneto torna a MAB nel 2018, danzando con straordinaria grazia. Non sale sul podio. Non importa. Il suo modo di ballare è ormai cambiato: i virtuosismi sono stati addirittura perfezionati, ma Emma ora sa "volarci sopra" con la levità dei suoi diciassette anni.

Il raggiunto connubio di levità e tecnica le apre molte porte, tra cui quella della prestigiosa compagnia Dutch National Ballet di Amsterdam, una delle più importanti a livello europeo, del cui corpo di ballo Emma fa oggi felicemente parte – pur provando ancora quella nostalgia dell'Italia e della nostra tradizione culturale e coreutica che un domani forse, chissà, la farà tornare a casa.

WENDY
WHELAN

LA PERSEVERANZA

È il grande ballerino e coreografo di origini israeliane Yarden Ronen-van Heerden a contattare per MAB Wendy Whelan, direttrice associata del New York City Ballet. È lui a chiederle di partecipare al progetto Re-Star, messo a punto durante la pandemia del 2020 a sostegno delle scuole di danza e dei ragazzi forzatamente impossibilitati a frequentare le loro amate sale e a partecipare alle esercitazioni. Yarden è così convinto della forza innovatrice e della riuscita del progetto ideato da Gisella Zilembo da essere certo che la star del New York City Ballet accoglierà l'invito senza riserve. D'altronde, la sua parola e il suo patrocinio sono di per sé un illustre biglietto da visita. La "chiacchierata" tra le due stelle della danza internazionale, applaudite nei palcoscenici di tutto il mondo, si rivela subito proficua.

La "modella della danza" (Wendy è di una bellezza e di una eleganza che lasciano senza fiato sia chi la osservi ballare sia chi semplicemente la incontri) non solo ha risposto sì a MAB, mettendosi a disposizione dei ragazzi in occasione dei *meet and greet* del 2020, ma è rimasta vicina al Premio Maria Antonietta Berlusconi anche l'anno successivo, in qualità di membro della

Sono stata molto lieta
di essere venuta in contatto
con l'altra parte del mondo durante
questa terribile pandemia, non solo
perché ho fatto nuove amicizie
e ho condiviso il mio amore
per la danza, ma anche perché
l'interesse e la curiosità mostrati
da giovani artisti così appassionati
sono stati per me fonte di stimolo.
È stato davvero un regalo poter
collaborare con MAB.

Wendy Whelan

giuria tecnica della finale 2021. L'evento, che si è tenuto online, ha richiamato insegnanti e allievi da ogni parte del globo e ha avuto come direttore artistico onorario proprio Yarden Ronen-van Heerden.

Donna di grande cultura e alta formazione, del progetto di MAB Wendy ha condiviso la visione, che rispecchia il modo con cui lei stessa si è avvicinata alla danza e con cui ha vissuto nella danza fin da bambina. Per questo ha abbracciato subito un'iniziativa pensata per salvare non solo il lavoro delle scuole di danza, ma anche la *dimensione esistenziale* dei ragazzi che a quelle scuole fanno riferimento. Durante i *meet and greet* i giovani ballerini di MAB hanno ascoltato con ammirazione e stuporeù le parole e la storia di Wendy Whelan che, al di là dei consigli tecnici, ha trasmesso loro dei messaggi e una *filosofia del danzare* su cui, probabilmente, non si erano mai soffermati.

La direttrice del NYCB ha raccontato ai ragazzi i suoi precocissimi e originalissimi esordi. Seconda di tre fratelli, arriva alla danza grazie allo "spirito di sopravvivenza" della sua giovane mamma che si trova a gestire l'energia esplosiva e la vivacità irrefrenabile della piccola Wendy. In perenne movimento, un salto e una piroetta dopo l'altra, a soli tre anni la secondogenita di casa aveva già attentato innocentemente alla vita della sorellina neonata... Come dare sfogo a tanta energia? L'idea viene alla nonna che, incontrata per caso la maestra della scuola di danza di Louisville, la città del Kentucky dove i Whelan vivono, consiglia per l'esuberante nipotina un corso di danza. Quella scelta cambierà per sempre la vita della futura prima ballerina del New York City Ballet. La disciplina della danza, ha ricordato Wendy durante gli incontri di MAB, da un lato ha incanalato la sua "natura selvaggia" senza frustrarne la vena creativa, dall'altro ha alimentato la sua capacità di concentrazione senza limitare la libertà di movimento e la gioia pura data dalla musica. Non solo, la danza ha portato Wendy in luoghi della mente e del corpo che diversamente non avrebbe mai conosciuto. Come una pratica spirituale, le ha permesso di conoscere la parte più profonda di sé e di affrontare la vita come un'esperienza unica, potente e in perenne divenire.

Nessuno aveva mai parlato così ai giovani ballerini di MAB. Nessuno aveva portato la riflessione sulla danza a questo livello di pensiero. Scossi e grati di avere l'occasione di un simile confronto, gli allievi hanno approfondito i grandi temi della vita, dell'arte e dei valori di chi l'arte trasmette e crea.

Floating, ovvero galleggiante (nell'esistenza), la danza è, nella visione di Wendy, la rappresentazione della vita. Come un albero, mette radici ma poi si ramifica e si evolve incessantemente, mettendo alla prova chi in essa persevera con continue perdite e riprese dell'equilibrio, cambiamenti di passo e giravolte. Il fine? Raggiungere la consapevolezza della realtà e proseguire, con umiltà, a imparare e a crescere, così da adattarsi alla vita e ai suoi mutamenti e allo stesso tempo adempiere al compito intrinseco dell'artista di risvegliare coscienze, scuotere gli animi e suscitare emozioni.

Forse troppo per dei giovani nel pieno di una pandemia globale che ha spiazzato gli adulti di riferimento tanto quanto, se non più di loro? Tutt'altro. La risposta dei ragazzi è stata una riconquistata fiducia nel futuro e in loro stessi, come ballerini ed esseri umani. Wendy li ha spronati più volte a non cedere al vittimismo del momento, a superare la crisi della pandemia (una delle tante perdite di equilibrio della vita) con l'esercizio, la disciplina e la serietà che la danza insegna e impone. Cadere per rialzarsi, senza lacrime e lamenti. Piuttosto, con un sorriso. Il sorriso aperto con cui Wendy si è presentata in video ai giovani allievi di MAB durante i *meet and greet*. Occhiali, tuta da allenamento, coda di cavallo, una delle stelle più acclamate della danza mondiale ascolta e racconta di sé ponendosi con estrema semplicità e umiltà sullo stesso piano dei ragazzi e ripercorrendo insieme a loro la crescita, le emozioni e i passi compiuti nella sua carriera. Non c'è protagonismo in lei, ma grande capacità di comunicazione e di condivisione di pensieri e obiettivi. Ancora oggi, dice, per lei l'esercizio della danza è un balsamo, in quanto, ogni giorno, essa consente al suo corpo e alla sua mente di raccogliere all'unisono le energie e incanalarle per intraprendere il viaggio della vita e la scoperta di sé.

Due dei tanti temi approfonditi da Wendy con i ragazzi hanno fatto riferimento alla loro giovane età e al loro importante momento formativo. Il

primo è il senso di *comunità* che la danza è in grado di suscitare e creare, e che la direttrice del NYCB racconta di aver provato e vissuto in prima persona con i compagni di ballo incontrati nel corso degli anni. Preziosi, dice Wendy, sono gli "amici di balletto" (insegnanti, mentori, coreografi...), perché rappresentano quella rete di relazioni e idee indispensabile nello sviluppo artistico e umano di ciascun ballerino. L'entusiasmo con cui Wendy ha aderito all'iniziativa dei *meet and greet* è derivato anche dall'averne colto il valore unico per i giovani, i quali hanno avuto la possibilità e la fortuna, tramite lo schermo, di ampliare i propri orizzonti e la propria *community*, fonte inesauribile di stimoli, nuove strade ed energie.

A proposito di strade... la grande ballerina americana ha fatto appello all'indipendenza e alla libertà che ciascuno ha di scegliere la propria strada senza diventare simulacro di divinità altrui. Memore del modello illuminante della propria mamma, sempre presente ma mai invadente, ha ricordato ai ragazzi che genitori, insegnanti, maestri hanno il compito di supportare chi è pronto a spiccare il volo, ma non quello di dirigerne la traiettoria. Se la danza, nella sua accezione olistica, è pratica psicofisica di conoscenza profonda di sé e accettazione del fluire della vita, sarà lei a indicare la via e a richiedere l'impegno, il sacrificio e la gioia che un ballerino vorrà affrontare e vivere.

Le parole e i pensieri della signora Etta tornano allora a risuonare distintamente nel cuore e nella mente. La danza è davvero uno "stile di vita".

Dubita di chi si nega al ballo...

René De Cárdenas

LINDA
GIUBELLI

LA FIDUCIA

Quando si nasce in Laguna, della Laguna si porta fin da piccoli e per sempre il carattere, il senso dell'arte e l'apertura verso il mondo.

Bella, romantica, silenziosa quando non criptica, Linda Giubelli vive a Murano (il papà è un abile artigiano del vetro) e fin da piccolissima studia danza a Venezia, dove impara presto a respirare l'arte e ad assorbire quel fascino tutto lagunare che mescola mistero e curiosità, fiaba e storia.

Attraverso campi, campielli e canali, Linda si divide tra il banco della scuola e la sbarra della sala di danza, finché nel 2011, con un buon carico di tradizioni alle spalle e la voglia di esplorare nuove realtà, approda ancora bimba al Teatro Manzoni di Milano per partecipare con la propria scuola alla seconda finale del Premio Maria Antonietta Berlusconi. Di poche parole, apparentemente altezzosa e con l'atteggiamento disinvolto di chi già sa il fatto suo, la piccola Linda si distingue anni dopo in MAB anche come solista. È esile, filiforme e ha doti fisiche ideali per la disciplina coreutica. Crescendo, carattere e tecnica non fanno che confermare la sua innata predisposizione per la danza. Sembra che Linda non faccia sforzi, che passi e posizioni le vengano naturali. In realtà, la giovane ballerina non si risparmia in prove e allenamenti individuali ma, quanto più aumentano il tempo passato in sala e i riconoscimenti nella danza, tanto più si fanno lunghi i suoi silenzi.

Papà e mamma la sostengono sempre: emotivamente e, non senza sforzi, economicamente. Anche Irene, la sorella maggiore che già lavora, contribuisce come può e ogni volta che può agli studi della ballerina di casa Giubelli. È lei a consentirle di partecipare nel 2014 a un viaggio di studio a San Pietroburgo organizzato da Eventi Danza di Gisella Zilembo in collaborazione con MAB. Un'occasione irripetibile, durante la quale Linda ha la possibilità di accedere ai templi dell'arte, dell'opera e della danza classica, tra cui l'Accademia Vaganova, che accoglie gli allievi MAB con tutti gli onori, e il Teatro Mariinskij, dove i ragazzi assistono a un balletto dalla sontuosa Loggia Reale – non prima di aver visitato ogni spazio e anfratto del teatro, compreso l'ambìto retropalco. È proprio qui che Linda, sgranati gli occhioni verdi davanti a tanta meraviglia, prende fiato e spicca un salto in quarta posizione. Poi si ferma, ascolta il rumore della tavola sotto i suoi piedi e riprende con una batteria di salti. Di nuovo immobile, guarda di sottecchi la sua maestra e Gisella Zilembo e a petto in fuori afferma: "Posso dire di avere ballato sul palcoscenico del Teatro Mariinskij".

Sempre più brava e con una tecnica sempre più affinata, Linda però si chiude in sé stessa, soprattutto in sala danza. Nessuno percepisce esattamente quanto profondo sia l'imbarazzo della ragazza, che non sa come muoversi negli ambienti coreutici, sempre più alti, in cui si trova. Nessuno tranne il Maestro Fascilla, il mito inarrivabile che Linda ha la fortuna e la gioia di incontrare sulla sua strada professionale e umana durante diverse sessioni delle Residenze Artistiche.

Da vero ed eccelso *Maestro* quale era, da sensibile conoscitore dei giovani e del loro mondo interiore, Roberto Fascilla studia la sua allieva veneziana con attenzione e la inquadra perfettamente come nello schermo di uno scanner (proprio così, *scanner*, scherzosamente ma a segno, Gisella Zilembo era solita definire il Maestrissimo di MAB). Le legge nell'animo e capisce che la timidezza contro cui Linda, tanto sciolta e "coraggiosa" durante le

La danza è il linguaggio
di un pensiero in continuo movimento
e in continua trasformazione,
come lo scorrere della vita
dell'universo.

Amedeo Amodio

lezioni e sul palco, combatte quotidianamente cela in realtà un senso di inadeguatezza che aumenta via via che è chiamata a danzare a livelli sempre più alti. L'analisi è presto fatta: Linda non ha fiducia in sé stessa. Il Maestro quindi la chiama a sé e, senza troppi giri di parole né premesse, va subito al sodo: "Vuoi fare questo mestiere?". Linda lo guarda con i suoi grandi occhi e non azzarda una risposta. "Io penso di sì e penso che tu sia in grado farlo. Se lo credo io, che ho qualche anno di carriera sulle spalle, sono convinto che possa crederlo anche tu". Poi, rincarando la dose e guardandola dritta negli occhi: "Se non sei tu la prima a credere in te stessa, non ci crederà nessuno. È tempo di non perdere più tempo".

A quelle parole, pronunciate dopo una lezione della maestra Manuela Attardi (docente di tecnica modern da sempre nel cast delle Residenze Artistiche, dove è nota per la rara sensibilità verso i ragazzi e la dote innata di tirarne fuori i lati più nascosti della personalità attraverso coreografie piene di emozione), il buio del mondo interiore di Linda è come squarciato da un lampo. Un terremoto emotivo la scuote e tutto ora le è chiaro. Davanti a sé ha l'obiettivo, vede e conosce le sue paure e non teme di affrontarle. Ha consapevolezza della sua bravura e della sua intelligenza scenica, che non sono più motivi di ansia ma sproni ad accogliere sfide, a non curarsi del giudizio degli altri, a guardare al futuro con fiducia.

Tempo dopo, Linda confiderà a Gisella Zilembo che le parole del Maestro Fascilla furono davvero una chiave di volta nella sua esistenza. Da quel giorno, afferma ancora oggi, tutte le volte che si trova ad affrontare i momenti cruciali della vita e gli step professionali decisivi (dall'esame di ammissione all'Accademia del Teatro alla Scala, del cui corpo di ballo è nel frattempo diventata membro, in poi) chiude gli occhi, fa un respiro profondo e fa risuonare nella mente le esortazioni del Maestro che, come un mantra incoraggiante, la riportano a quella domenica in sala danza durante le Residenze Artistiche di MAB.

Ballerine si nasce. E a MAB si impara a riconoscersi.

BIANCA MANCUSO

LA MATURITÀ

Essere primogeniti può riservare qualche svantaggio. Le aspettative in famiglia sono alte e il desiderio di non deludere le proprie e altrui attese può diventare un compito arduo. Se a ciò si aggiungono un carattere determinato e una predisposizione naturale a primeggiare, si può dire di avere (parzialmente) tratteggiato il ritratto di Bianca Mancuso, talentuosa ballerina che nel 2018, con questo spirito e a quattordici anni di età, frequenta per la prima volta le Residenze Artistiche di MAB.

Più per indole che per educazione, Bianca fin da bambina pretende moltissimo da sé stessa. Vuole essere *sempre* la prima: in classe come in sala danza. L'errore non è ammesso, o per lo meno Bianca non lo ammette per sé e non accetta di poter sbagliare.

La ragazza ha molte carte in regola per distinguersi: non solo è graziosissima, ma le filiformi linee naturali del suo fisico assecondano il lavoro e lo studio della danza fin dall'infanzia.

Bianca è allieva di Anastasia Sardo, direttrice della scuola Nuovo Centro Studio Danza di Siena, la cui visione della vita e dell'errore è decisamente

TEATRO DEL POPOLO

Danzare è un atto totalmente personale, un modo di essere, di esprimersi e di identificarsi.

Enzo Miccio

controcorrente nel mondo della coreutica. Spumeggiante, di un entusiasmo contagioso, Anastasia agisce d'istinto e d'intuito per sé e per i suoi amati allievi che, appena può, accompagna in giro per il mondo incoraggiandoli a partecipare a concorsi, competizioni, viaggi di studio e iniziative legate alla "cultura" della danza. Lo scopo, non fa che ripetere loro continuamente, non è (solo) vincere premi e farsi notare. Lo scopo è mettersi alla prova, confrontarsi con realtà diverse e, sì, darsi la possibilità di *fallire*: per conoscersi meglio, per vedere dentro sé stessi, per rialzarsi, riprovare e *imparare*. Nuovo Centro Studio Danza entra subito nell'orbita disciplinare ed educativa di MAB, abbracciandone le iniziative fin dalla fase embrionale del Premio (le allieve di Anastasia parteciparono allo spettacolo-competizione organizzato in Costa Smeralda in ricordo della signora Etta a pochi mesi dalla sua scomparsa, e tutti ricordano l'elegante riverenza con cui le giovani ballerine di Siena si inchinavano, come dame dell'Ottocento, per salutare pubblico e partecipanti).

Negli anni Anastasia ha seguito MAB in moltissime occasioni, compreso l'ultimo viaggio studio prima della pandemia, organizzato da Eventi Danza di Gisella Zilembo e svoltosi in Finlandia presso la Performing Arts Academy locale, il West Finland College, la più antica e prestigiosa istituzione di alta formazione finlandese. Fedele alla sua filosofia, Anastasia ha spinto perché i suoi ragazzi partissero con lei per Huittinen, anche se non tutti erano pronti all'esperienza, sia da un punto di vista tecnico sia di maturità. "Seguite la vostra passione. Spogliatevi dei preconcetti, osservate e accogliete il nuovo, al di là del momento formativo in cui vi trovate".

Il messaggio di Anastasia è forte e per Bianca destabilizzante. Inclemente verso sé stessa, chiusa nel suo inscalfibile perfezionismo, la ragazza non riesce ad accettare che l'errore e la caduta facciano parte, come le insegna la maestra, di un normale e sano percorso di crescita. La passione per la danza cova sotto la cenere di un eccesso di rigore che presto si rivela un'arma a doppio taglio, sia in ambito scolastico sia coreutico, e che l'iscrizione alle Residenze Artistiche di MAB contribuisce ad amplificare. MAB è un mondo in cui non è facile emergere. Molti sono "i bravi", molti sono "i primi". Nella sua immaturità di ragazzina abituata a primeggiare, Bianca si sente emotivamente sopraffatta. Del tutto impreparata ad affrontarlo, in MAB incontra per la prima volta il fallimento, che in seguito lei stessa definirà una "caduta nel buio". Perde la bussola delle certezze, non ha punti di riferimento e viene risucchiata dalla paura di non essere più all'altezza di nulla. Sprofonda nel buio, un buio sempre più avvolgente. Si chiude in sé stessa e non vuole più vedere nessuno. Le prime escluse sono le amiche di sempre, quelle con cui aveva fino a poco tempo prima condiviso le gioie e le fatiche della sbarra, i primi viaggi e le prime esperienze. Smette di frequentare le Residenze Artistiche e decide di chiudere con la danza. È il 2019.

All'inizio del 2020 la pandemia costringe a ben altre chiusure. Mentre Bianca fa calare il suo personale sipario, le compagne si vedono chiudere le porte della sala danza. Per tutte loro il momento emotivo e contingente è gravoso, ma per Bianca lo è ancora di più, perché alla solitudine volontaria si somma quella forzata della pandemia.

Nel frattempo Anastasia non si perde d'animo e decide di cogliere al volo le iniziative messe in campo da MAB per sostenere ragazzi, insegnanti e scuole in un momento così difficile e per trasformare la drammatica situazione in opportunità. Nuovo Centro Studio Danza è tra le prime realtà ad aderire ai *meet and greet* di MAB, grazie ai quali anche i suoi allievi possono incontrare le grandi star della danza internazionale facendone propri, come mai avrebbero potuto altrimenti, le storie, la vita artistica, i lati umani e i consigli.

Come succede per le altre scuole, anche per le giovani ballerine di Siena i *meet and greet* si rivelano da subito istruttivi, costruttivi e salvifici. Vedendo le sue allieve di nuovo felici, entusiaste, "rinate", Anastasia si rende conto di cosa Bianca si stia perdendo e, facendo emergere la mamma artistica e non solo che è in lei (la figlia Veronica, prima di dedicarsi alla carriera sanitaria, ha seguito le sue lezioni e quindi ben conosce il supporto che una madre può dare a una figlia in difficoltà), decide che non può, non deve abbandonarla. D'istinto, con l'umiltà dei grandi maestri, in sinergia con una famiglia sempre presente e attenta, compone il numero della sua allieva smarrita e, in una lunga e appassionata telefonata, le racconta ciò che sta accadendo: MAB non si è mai fermato, i corsi continuano online, gli incontri e le lezioni hanno preso forme diverse da quelle in presenza ma non per questo sono meno entusiasmanti, anzi, le opportunità ora sono infinite. Le racconta del Progetto Re-Star, a cui, afferma animatamente, Bianca *non può* mancare.

La ragazza ascolta le parole accalorate di Anastasia. Riflette e, come riavendosi da un torpore, capisce che, al pari delle sue compagne, anche lei può farcela a uscire dal buio della pandemia. Rispetto alle amiche, ha però un piccolo grande passo da fare in più: deve dismettere la maschera di "prima della classe", abbassare i gomiti, concedersi di sbagliare, vestirsi di umiltà.

Consapevole dell'acquisita maturità, la nuova "pagina Bianca da scrivere" (come lei stessa si definirà) nel 2021 torna a riveder le stelle iscrivendosi di nuovo alle Residenze Artistiche e vincendo anche un premio speciale. Pur di raggiungere i propri obiettivi, è ora pronta a cadere senza farsi sopraffare dalla delusione.

D'altronde, non è forse questo, le ricorda Anastasia, il grande insegnamento della danza sul palco e nella vita?

RACHELE
LARO

Una scena da *Exposition*, coreografia di Luciano Cannito per la serata di gala di MAB 2018.

LA RINASCITA

Quante volte, nei corridoi di una scuola elementare o materna, si sentono le bambine esclamare: "Da grande voglio fare la ballerina!". Le scarpette con le punte, la nuvola del tutù... Tantissime fanciulle hanno questo romantico sogno. Non sono molte però le bimbe che, nel pieno dell'età infantile, sono determinate a rinunciare a tutto pur di ballare. Disposte a non fare la merenda a casa delle amichette, a non andare alle feste di compleanno, a perdere momenti di gioco e pomeriggi al parco sotto casa, e persino a non ricevere prima di andare a dormire il bacio della buona notte di mamma e papà.

Rachele Laro, invece, è proprio una bimba così. È ancora nel grembo materno che l'arte fa già parte del suo essere. Dai genitori, entrambi musicisti, impara ad amare la musica fin da piccolissima, frequenta i teatri, gioca o fa i compiti sulle note che si diffondono dal pianoforte di casa. Fin da piccolissima, però, Rachele ha le idee chiare: la musica non vorrà studiarla, suonarla o comporla, bensì viverla e farla vivere attraverso la danza, passione cui dedica l'anima non appena può varcare la soglia di una sala.

Immersi nelle arti performative, Ilir e Gentiana assecondano le inclinazioni della figlia senza riserve, forse non immaginando quanto queste inclinazioni possano orientare le scelte di vita di una bambina nell'età in cui i suoi coetanei vivono appieno l'infanzia nella spensieratezza del nido famigliare.

Un giorno, ad appena undici anni e non ancora terminate le scuole elementari, Rachele si presenta ai genitori con piglio da adulta: "Ho conosciuto una maestra di danza speciale, che ha una scuola bellissima. Vorrei frequentarla, vorrei diventare allieva di questa maestra".

Per comprendere l'audacia e il coraggio di questo peperino di bimba, basti dire che la scuola della maestra Lisa Stragapede si trova a Bolzano Vicentino, nel bel mezzo della verde campagna veneta a una quarantina di chilometri da Padova, città dove la famiglia Laro vive. Ilir e Gentiana si guardano: ingestibile la logistica di orari e spostamenti tra la scuola elementare e la scuola di danza; neanche da pensare il pendolarismo tra Bolzano Vicentino e Padova. Rachele però, risoluta, attende risposte. Vuole entrare alla ASD Free Harmony a tutti costi e diventare una ballerina professionista.

Ha l'intuizione giusta la piccola di casa Laro. Lisa Stragapede è davvero una maestra di danza, oltre che una persona, speciale. Sempre supportata dai genitori e aiutata dal compagno Alessio, ha fondato la sua scuola negli spazi di un ex capannone industriale al limitare della campagna vicentina. Tutta la famiglia si è rimboccata le maniche per seguire il sogno e la visione di Lisa, che intende dare ai propri allievi un'accoglienza e una preparazione "a tutto tondo", al fine di metterli nelle condizioni tecniche e personali tali da poter affrontare il mondo delle grandi accademie. La ASD Free Harmony è stata da subito pensata con un'ampia sala studio, in cui i bambini e i ragazzi possono fare i compiti e studiare le materie scolastiche mentre frequentano le lezioni di danza. Senza perdite di tempo e senza distrazioni. Nella scuola di Lisa gli allievi hanno a disposizione strutture e dotazioni pensate per la loro formazione coreutica e non solo. Danzano e provano in un'enorme e luminosa sala dove campeggia un pianoforte e dove il linoleum (sempre tirato a lucido) risplende sotto il riflesso di specchi giganteschi; si sbizzarriscono nella ricchissima sartoria piena di abiti tagliati e cuciti da

Lisa e dai suoi genitori; migliorano il loro inglese con le ripetizioni impartite a titolo di aiuto dalla mamma di Lisa.

In un via vai continuo di bambini e ragazzi (e di cani e gatti trovatelli accuditi con amore e dedizione), tra capannoni e campi, nell'ASD Free Harmony vigono regole rigide e una disciplina ferrea che tutti, dal più piccolo al più grande, seguono senza batter ciglio. Lisa pretende il massimo e dà il massimo: è un generale, sì, ma è anche un punto di riferimento materno e affettuoso per tutti i suoi allievi. Quando varcano le ampie porte del capannone, i ragazzi percepiscono immediatamente che in questi spazi amplissimi troveranno rigore e calore, severità e accoglienza, un'accademia di stampo russo e insieme una Fabbrica di Cioccolato.

Lisa è sempre un vulcano di idee. In pieno lockdown, per esempio, non si è limitata a offrire ai ragazzi sessioni di danza da remoto. In quei difficili mesi i suoi allievi hanno potuto seguire online ore di aiuto compiti, incontri con maestri di danza, letture di storie e anche... lezioni di cucina.

Coincidenza, fortuna, caso... vuole che Rachele faccia la spiazzante richiesta ai suoi genitori nel momento in cui la grande, vivace e includente famiglia di Bolzano Vicentino è in fermento e in una fase di cambiamenti. La vulcanica Lisa ha infatti avuto l'idea di aprire un convitto per ospitare gli allievi che abitano lontano e che vogliono frequentare l'ASD Free Harmony. I due pezzi del puzzle si incastrano alla perfezione. Senza tentennamenti, Rachele fa la valigia e si trasferisce a Bolzano Vicentino. Si adegua presto e di buon grado alle regole di Lisa: bisogna tenere un comportamento adeguato in convitto come in sala, andare bene a scuola (eventualmente è assicurato l'aiuto della mamma di Lisa), dare tutto ciò che si ha e anche di più durante le lezioni di danza. Sono per Rachele anni di sacrifici, impegno, felicità che danno i loro frutti in poco tempo. Quando viene selezionata per un programma televisivo nazionale, ha modo di raccontare di sé: mi alzo alle sei, rifaccio il letto, sistemo la camera, faccio colazione, mi preparo per andare a scuola, il pomeriggio mi alleno. Il regime militaresco funziona.

In un rapporto simbiotico con Lisa (che però mai esclude la condivisione delle scelte con i genitori), Rachele cresce, persevera e matura come bal-

Rossella Brescia con le interpreti della coreografia *Exposition* di Luciano Cannito alla serata di gala di MAB 2018.

lerina. Nel 2017, nell'ambito del Premio Speciale Silvio Berlusconi, accede come borsista alle Residenze Artistiche di MAB ed è per lei la più grande delle vittorie, perché ha l'onore e il privilegio di studiare con il Maestro Fascilla. Che con la giovane Laro è tutto fuorché tenero. Osservandone le doti e intuendo dove Rachele possa arrivare, le impartisce un duro lavoro di sala in un confronto continuo e costante con Lisa (questo era il metodo di Roberto Fascilla: con gli occhi puntati al miglioramento degli allievi, era sempre a disposizione dei loro insegnanti curricolari). La determinazione di Rachele ottiene altri grandi risultati. Il Maestro Luciano Cannito, coreografo residente in MAB di quell'anno, la nota, ne premia l'impegno e la seleziona per *Statue*, la complessa coreografia del gala ricordata anche per i bellissimi costumi disegnati dalla talentuosa Lara Cannito. La fiducia dei Maestri è ben riposta. Rachele si distingue per il temperamento in scena e per le acquisite abilità tecniche.

Il suo percorso in MAB prosegue nel biennio successivo e la strada verso il professionismo si delinea sempre più rosea. A dicembre del 2018 è scelta per la Clara dello *Schiaccianoci POP*, spettacolo-omaggio alla danza classica e alla gioia che essa esprime pensato e studiato da Gisella Zilembo e rappresentato con successo al Teatro Manzoni di Milano dai ragazzi delle Residenze Artistiche, scritturati per l'occasione. Ricevuto un iPad a forma di schiaccianoci, Clara-Rachele inizia ad ascoltare brani di disco-music degli anni Settanta, Ottanta e Novanta e a eseguire su quelle musiche passi di puro e ortodosso balletto classico. Ciò è possibile perché, come ha colto Gisella, molti pezzi contemporanei corrispondono esattamente, in termini di struttura, alle partiture musicali di grandi balletti classici (un esempio su tutti: *Funky Town*, che ha la struttura di *Giselle*, variazione primo atto, eseguita nello spettacolo da Anita Scaravaggi, allieva della Scuola di Ballo del Teatro Sociale di Mantova, diretta da Marina Genovesi e in forza nel cast di questa originale produzione). Nel 2019 Rachele è scelta come testimonial delle Residenze Artistiche per il girato delle news di Mediaset. Rachele dovrebbe fare i salti di gioia. Invece è preoccupatissima. Finirà in televisione: mamma, papà, i nonni, i compagni la vedranno. Non può, non deve sbagliare. Prima delle riprese, nel salone principale del Palazzo dei Congressi di Salsomaggiore Terme per interpretare *Diana e Atteone*, suo cavallo di battaglia, si rivolge a Lisa. L'amata maestra non cede neanche un attimo al compiacimento e si limita a dirle: "Per fortuna non facciamo brutta figura".

L'ascesa di Rachele sembra inarrestabile. La giovane ballerina inizia a pensare sempre più in grande e il suo sogno ora è studiare in una famosa accademia di Amburgo.

Ma la pandemia del 2020 arresta la corsa. Frena l'escalation. Il mondo intero si ferma. A Rachele piomba addosso come un macigno. Dopo anni lontano da casa, dopo tanti sacrifici, deve tornare dai suoi genitori. Dal salotto di famiglia segue tutte le lezioni online, prova e riprova sulle punte sullo stressato pavimento di casa. Non molla, ma è un leone in gabbia. Come per molte famiglie, anche la prospettiva economica diventa incerta.

Coincidenza, fortuna, caso... vuole che MAB rientri nella vita professionale di Rachele per proiettarla nel futuro. Per volontà di Silvio Beretta, si decide che il Premio Sabrina Beretta venga elargito anche, e soprattutto, nel 2020. Mai come in un momento come questo un premio dedicato alla *gioia* di ballare può dare un messaggio di speranza; nulla come l'entusiasmo per la vita e per la danza di Sabrina può avere significato per i ragazzi in difficoltà. Vista l'eccezionalità del momento, il Premio di quell'anno viene estratto a sorte e a vincerlo è proprio a Rachele, la quale, grazie al generoso assegno, può proseguire negli studi e nella carriera.

Amburgo, aspettala.

NICOLETTA MANNI
E TIMOFEJ
ANDRIJASHENKO

LA DISCIPLINA

Edizione MAB 2012. Già durante le semifinali si era percepita un'atmosfera insolita. All'apertura del gala l'aria si fa elettrica, il senso di sfida è palpabile e a qualcuno al Teatro Manzoni il commento sorge spontaneo: "Sembra di assistere all'incontro finale di *Rocky IV*".

Indubbiamente il paragone tra un'esibizione di danza classica e un incontro di pugilato può sembrare azzardato. Ma trattandosi di due titani come Nicoletta Manni e Timofej (Tima) Andrijashenko il raffronto con l'epico incontro sul ring tra Ivan Drago e l'italo-americano Stallone diventa quasi calzante.

La finale 2012 fu una sfida all'ultimo *chassé*, in cui i due candidati diedero il massimo, il meglio di sé, danzando per vincere e per dimostrare a sé stessi e a chi li osservava di cosa fossero capaci. Lo "scontro" sul palco fu senza esclusione di passi, lo spettacolo fu grandioso, il coinvolgimento del pubblico straordinario. Pubblico che, in visibilio e allo stesso tempo sorpreso, si trovò ad assistere a un elegante duello ottocentesco, una leggiadra "singolar tenzone".

Nicoletta è sempre accompagnata dalla mamma, sua maestra di danza,

L'arte della danza è passione e sacrificio. Ma è il sacrificio più bello del mondo, che rifarei mille e mille altre volte nella mia vita.

Rossella Brescia

che con ferrea disciplina l'ha preparata in ogni minimo dettaglio. Cedere non è verbo contemplato durante le prove della figlia-allieva, la cui tecnica si affina di virtuosismo in virtuosismo, potenziata e sublimata da un'espressività fuori dal comune. È salentina, Nicoletta: pur "disciplinati", in lei pulsano cuore, sangue e colori mediterranei (lunghi capelli neri le incorniciano il viso). Caratteri che, arrivata alla finale del Premio MAB, non fa trapelare. Non ne ha il modo, né il tempo. Deve e vuole rimanere concentrata sull'obiettivo della vittoria, non può permettersi di abbassare la guardia, soprattutto considerata la statura del rivale.

Dall'altra parte del "ring", Timofej Andrijashenko è un giovanissimo Prometeo della danza, algido e biondissimo, che studia a Genova seguendo un altrettanto ferreo metodo russo che gli è congeniale. Tima è lettone, originario di Riga, e l'addestramento di tipo militare applicato alla danza è una costante del suo quotidiano fin da bambino. È abituato, come allievo, a un rigore che non ammette distrazioni né *défaillance*. È consapevole della sua innata predisposizione per la danza e delle doti tecniche e virtuosistiche acquisite in ore e ore di sala. Si sente il favorito, è pronto a vincere, a dispetto di quella ballerina con il fuoco salentino in corpo che sembra voler affrontare la sfida con lo stesso *Eye of the Tiger* che aveva scandito l'impresa di Rocky Balboa.

Quando però ghiaccio e fuoco, biondo e moro entrano in scena al Teatro Manzoni, accade qualcosa di magico e inatteso. Lo scontro diventa incontro, la competitività diventa intesa. In quel 2012 Nicoletta sale sul gradino più alto del podio; Timofej è secondo – ma arriverà primo nel cuore dell'inossidabile ballerina.

È accaduto: i due titani si sono innamorati. E pensare che per tutta la competizione neanche si salutavano e che si guardavano di sottecchi solo dietro le quinte per carpirsi a vicenda i punti deboli e di forza. Eppure, in quell'osservarsi apparentemente "scientifico", in cui il resto del mondo non era che contorno e in cui l'unico scopo sembrava quello di "conoscere il nemico", si celavano sguardi pieni di emozione, battiti di cuore, carezze dell'anima che sarebbero sbocciati di lì a qualche anno in un intreccio riuscito di carriera e amore, danza e vita privata.

Oggi primi ballerini della Scala nonché coppia affiatata nella vita e sul palcoscenico, Nicoletta e Tima sono tornati a MAB nel 2019, ospiti al gala della decima edizione. Hanno portato in scena il passo a due di Carmen e Don José e sono molti a credere che la scelta del pezzo non sia stata casuale. Al di là della cornice e del contesto tragico di *Carmen*, Nicoletta e Timofej hanno calcato nuovamente il palcoscenico del Manzoni portandovi tutta la forza di un amore travolgente e inevitabile, e sublimando l'unicità della loro esperienza.

In quell'occasione i due ballerini hanno anche avuto modo di raccontare al pubblico la loro storia d'amore e professionale che, nata sorprendentemente da una sfida titanica e trasformatasi nel tempo in un'unione perfetta, sono ancora oggi convinti sia stata la loro vera vittoria in MAB, premio bellissimo e galeotto.

ANDREA PADOAN
E REIANA CEKA

IL LIETO FINE

Il fisico e la prestanza di Andrea Padoan sono fatti per la danza. Il cuore anche. Lo sa bene Carla Manera, che nella sua scuola ASD OPEN di Alba lo ha “cresciuto” dal punto di vista coreutico e non solo. Carla conosce anche il carattere sensibile di Andrea e la sua tendenza, talvolta, a farsi scoraggiare dalle situazioni, a perdere fiducia, non tanto nelle proprie capacità quanto nel mondo fuori. Così, quando il suo amato allievo dall'animo inquieto decide di trasferirsi dalle Langhe a Roma, Carla, da “mamma artistica” dolce, concreta e volitiva, non gli concede, pur se fisicamente lontano, di uscire dal binario della danza. D'altronde, ciò che fa muovere Andrea è proprio l'amore incondizionato per la danza, oltre che l'anelito alla ricerca di sé. Il suo è un viaggio introspettivo più che geografico.

La Capitale lo accoglie in un appartamento di pochi metri quadrati, che diventano il suo claustrofobico mondo quando il lockdown del 2020 fa calare il silenzio anche su una città frenetica come Roma. Da Alba, Carla è in collegamento costante con Andrea, decisa a “non mollare la presa”. Lo conforta, lo supporta nei momenti di abbattimento, ma non gli consente

Dio bacia il danzatore
e non c'è cosa più bella che vedere
la bellezza espressa dai corpi
che danzano.

Claudia Zaccari

alcun cedimento. Poi, conscia della forte motivazione che anima il ragazzo, lo coinvolge nel grande progetto di MAB. Ed è la svolta.

Andrea frequenta le Residenze Artistiche e arriva in finale all'edizione 2021, un'edizione fuori dall'ordinario. Svoltosi online, il Premio 2021 è stato unico per l'eccezionalità del momento e la vastità "geografica" dell'evento. I finalisti si sono sfidati davanti a una giuria internazionale in collegamento da tutto il mondo, con numeri e una eco da capogiro: diretta online da quattro continenti, dodici Paesi interessati, una troupe e un service multimediale dedicati. Gli allievi delle Residenze hanno dovuto confrontarsi su un pezzo originale composto *ad hoc* dal coreano Jae Man Joo, coreografo residente del mitico Complexions Contemporary Ballet di New York, coinvolto dal direttore artistico onorario 2021 Yarden Ronen van-Heerden, artista israeliano trapiantato a New York e danzatore dall'ispirante carriera internazionale, il quale già nell'estate 2020 aveva collaborato fattivamente ai progetti MAB di contrasto alla pandemia. Consapevole delle difficoltà di molti allievi in collegamento da casa durante il lockdown, Jae ha preparato i ragazzi collegandosi lui stesso dalla propria camera da letto, facendo così in modo che a tutti fosse garantito un allenamento *equo* e *uguale*.

Straordinaria e sorprendente la finale 2021 lo è stata anche al momento della proclamazione dei vincitori. Non avendo i giudici avuto modo di riunirsi prima come di consuetudine, hanno loro stessi conosciuto solo all'ultimo momento i risultati delle votazioni, che non hanno proclamato

un vincitore assoluto bensì due, con un preciso e matematico *ex equo*. Andrea Padoan e Reiana Ceka sono sul gradino più alto del podio, accomunati dallo stupore e dall'incredulità per la vittoria.

La giovanissima Reiana è allieva della scuola Rosso Lab di Galliate, diretta da Mirella Rosso, coreografa nota nel mondo dello spettacolo e della televisione, che prepara i propri allievi come un "affettuoso Soldato Jane" e secondo due fondamentali princìpi guida: fissare gli obiettivi oltre le proprie possibilità fisiche e mentali e rimanere *sempre umili*. Reiana, amatissimo legionario dell'esercito di Mirella, è un talento naturale per la danza, impossibile da ignorare malgrado il carattere schivo e la riservatezza dei modi che la tengono lontana dalla ribalta e dal centro della scena, come un anatroccolo già bello ma impaurito e restio a mostrare le sue piume.

Come per magia (la magia che MAB ha saputo più volte creare), Andrea e Reiana rompono i loro gusci di diffidenza, timidezza, reticenza e si mostrano a sé stessi e agli altri per ciò che realmente sono. Reiana, che con gli occhioni spalancati e increduli aveva già vinto il premio speciale offerto da Peridance NY per la frequenza del corso intensivo estivo, circondata dall'esultanza di tutta la Rosso Lab, si rivolge con candore allo schermo: "Non avrei mai pensato di meritarmi un premio, figurarsi quello finale di MAB!".

Nel mentre, accade qualcosa anche nel francobollo-video di Andrea. Il ragazzo si trova in un ampio salotto svuotato di tutto e prestato alla danza e, giusto il tempo per riprendersi dall'inaspettata proclamazione, fa entrare nello schermo, a favore di telecamera, un'altra figura. Si vede un capo di abbigliamento colorato e tutti si chiedono di chi si tratti. Forse la mamma? Andrea fa un bel respiro e prende coraggio: "Vi presento il mio fidanzato. Sono felicissimo di festeggiare con lui perché il merito di questo premio è anche suo".

Vincitori due volte, Andrea e Reiana. A MAB e nelle loro giovani vite, strade ancora tutte da percorrere ma già improntate alla consapevolezza che l'impegno, lo studio e la determinazione siano valori premianti e premiati. Lo insegna la danza, praticata e vissuta anche da ragazzi "normali" che affrontano le difficoltà con coraggio e fiducia. L'eccezionalità di Premio MAB

2021 è stata anche nell'aver puntato, nelle intenzioni e intuizioni di Gisella Zilembo e Silvio Beretta, sulla virtù più che sul virtuosismo, sul talento umano oltre e al di là di quello scenico, sull'"eroismo" di chi non ha demorso, neanche nello stravolgimento di una pandemia globale.

Senza dimenticare, come ha ricordato a tutti Oriella Dorella (uno dei giudici in collegamento di quella edizione straordinaria) condividendo e abbracciando il pensiero del Maestro Fascilla, che l'impegno tecnico, le ore e ore di sala, i sacrifici e le conquiste sono valori imprescindibili per chi vuole praticare la danza a livello professionistico e per chi, come la famiglia di MAB, porta a questa meravigliosa e vitale disciplina il rispetto sacrale che l'arte, quando è nobile, richiede e impone. Il professionismo, ha ribadito la signora Dorella, è per pochissimi e implica requisiti fisici e tecnici precisi, ma, scolpito ciò nella pietra, per gli esseri umani in generale il valore della danza è innegabile, e soprattutto salvifico, e perciò da tutelare.

Il mio motto è: "Insegnare è il miglior modo per imparare".

Emanuela Maccarani

RINGRAZIAMENTI

Ci piace, da sempre, "dare forma ai sogni".
Questo libro è esattamente il risultato di un grande sogno, iniziato anni fa e che oggi prende corpo grazie al lavoro appassionato e alla grande professionalità di una squadra che, dal lato editoriale, lo ha reso "vero".
Grazie a Cristina Scalabrini, Dario Tagliabue, Maria Rita Silvestri, Remigio Allegri, Sara Saettone.
Grazie a Cristiano Castaldi, che col suo sguardo attento e il suo obiettivo poetico, da anni ci accompagna e ci racconta.
Grazie a Silvia Cadrega, per la sensibilità e la delicatezza con cui ha saputo tradurre in parole fatti, emozioni e ricordi.

Progetto grafico e impaginazione:
Bebung

ISBN 978-88-918-3371-6
Prima edizione: novembre 2021

Anno 2021-2022-2023 - Edizione 1 2 3 4 5 6 7 8 9 10

Questo volume è stato stampato
presso Centro Poligrafico Milano S.p.A.,
Via Puccini 64, Casarile, Milano
Stampato in Italia - Printed in Italy